VOCABULARY BUILDER

ITALIAN

Mastering the Most Common Italian Words and Phrases

by
Beatrice Rovere-Fenati

BARRON'S

This symbol  marks practical tips that make learning fast and easy.

All inquiries should be addressed to:
Barron's Educational Series, Inc.
250 Wireless Boulevard
Hauppauge, New York 11788
http://www.barronseduc.com

Library of Congress Catalog Card No. 2001086131

International Standard Book No. 0-7641-1822-6

Printed in the United States of America
9 8 7 6 5 4

Table of Contents

Chapter 1

Expand Your Vocabulary
Arrichite il vostro lessico 5
1.1 How to Use This Book 6
1.2 The Dictionary – a Treasure
Worth Discovering 6
1.3 Looking for the Right
Translation 7
1.4 Idiomatic Expressions . . . 8
1.5 Words That Go Together . . 9
1.6 Reading Comprehension . . 10
1.7 Pictures Can Be Helpful,
Too 12
1.8 Learn Words by Subject
Area 13
1.9 Opposites 14
1.10 Word Families 15

Chapter 2

Word Groups
Gruppi di parole 16
2.1 Colors 17
2.2 Furniture, Accessories,
Clothing 18
2.3 Days of the Week 19
2.4 Months and Seasons . . . 20
2.5 Numbers 21
2.6 Telling Time 22
2.7 Years and Dates 23
2.8 Wishes and Congratulations . 24
2.9 Expressing Your Opinions . . 25
2.10 Expressing Disappointment,
Pleasure, Surprise 26
2.11 Verbs of Motion 27

Chapter 3

Topics
Argomenti 28
3.1 Personal Data 29
3.2 Countries and Nationalities . 30
3.3 Occupations 31
3.4 Family and Relationships . . 32
3.5 How to Describe Someone . 34
3.6 Living Arrangements 35
3.7 Feelings and Moods 36
3.8 Leisure Activities 37
3.9 Sports 38
3.10 Landscapes 39
3.11 Means of Transportation . . . 40
3.12 Objects of the Modern
World 41
3.13 Objects in Everyday Use . . . 42
3.14 Shops and Merchants 43
3.15 Staple Foods, Fruits, and
Vegetables 44
3.16 Italian Dishes 45
3.17 Vacations 46
3.18 Weather 47
3.19 What Is Your Daily Routine
Like? 48

Chapter 4

Word Formation
Formazione delle parole 49
4.1 Adjective Prefixes 50
4.2 Verb Prefixes 50
4.3 Suffixes 51
4.4 Compound Words with *di, da*,
or without a Preposition . . . 52
4.5 Compound Words: Noun +
Adjective 53

Chapter 5

Pronunciation and Spelling
Pronuncia e ortografia 54
5.1 Pronunciation of *c* and *g* . . 55
5.2 Pronunciation of *sc* 56
5.3 Stress 56

Chapter 6

Word Partnerships
Parole gemellate 57
6.1 Some Meanings of *fare*,
      mettere, and *prendere* 58
6.2 Other Verbs with Various
      Meanings 59
6.3 Verb and Noun 60
6.4 Verb – Preposition – Noun . . 61
6.5 Noun and Adjective 62
6.6 Verb – (Preposition) – Verb . . 63

Chapter 7

Situations
Situazioni 64
7.1 Saying Hello and Goodbye . . 65
7.2 Making Suggestions and
      Agreeing to Meet 66
7.3 At the Train Station 67
7.4 Going Shopping 68
7.5 In a Clothing Store 69
7.6 At a Restaurant 70
7.7 Asking for Directions 71
7.8 Reserving a Hotel Room . . . 72
7.9 At the Hotel Reception
      Desk 73
7.10 Complaints, Thefts,
      Breakdowns 74
7.11 Short Sentences for Daily
      Use 75
7.12 At the Doctor's Office 76
7.13 Using the Telephone 77

Chapter 8

Grammar
Grammatica 78
8.1 Article and Noun 79
8.2 Noun and Adjective 80
8.3 Adjective or Adverb? 81
8.4 The Words *molto, tanto,
      poco, troppo* 82
8.5 Verbs in the Present Tense . 83
8.6 Verbs in the Perfect Tense . 84
8.7 Perfect or Imperfect? 85
8.8 Prepositions 86
8.9 Statements of Place 87
8.10 Connecting Two Sentences . 88
8.11 Interrogative Pronouns . . . 89
8.12 Direct and Indirect Pronouns, *ci*
      and *ne* 90
8.13 Possessive Adjectives 91
8.14 Negation 92
8.15 Comparison 93

Chapter 9

Games
Giochi 94
9.1 Seek and You Will Find . . . 95
9.2 Crossword Puzzle 96
9.3 Metagram 98

Test 1 100
Test 2 101
Test 3 102
Test 4 103
Test 5 104

Answers
Soluzioni 105

Glossary
Glossario 110

Chapter 1

Arrichite il vostro lessico
Expand Your Vocabulary

1. Without words, little communication can take place.

Without words, communication is limited to the basics. On the other hand, the more words you can employ, the more you can understand, and the more successfully you can make yourself understood as well.

2. Learning vocabulary need not be dry, dull work.

What you use, you'll retain. That applies to objects as well as to words, so don't just sit down and memorize words at random. Instead, as you go about your daily activities, ask yourself: How do I express this in Italian, and how do I describe that? You'll find opportunities to do that wherever you are, at any time of day: at your place of work, while shopping, while watching TV, on your way to the sports field, and so forth.

3. You won't learn words without some teaching aids.

Buy yourself a dictionary, and keep a vocabulary notebook. Above all, don't be embarrassed about looking something up in the dictionary if you don't know it; even the best translators do that! In your vocabulary notebook, write down any words, expressions, and phrases that you want to commit to memory. Organize your entries so that you can find them quickly.

4. This chapter is important.

Don't skip over this chapter. You'll find that it contains valuable suggestions to help you learn more readily.

1.1 Così utilizzo questo libro
How to Use This Book

1. First, concentrate on this chapter, and work through it from beginning to end.

2. Then, simply page through the book, pick out the chapters and exercises that interest you most, and work on them next.

3. If you want to gauge your progress once you've finished, you can use the tests in this book for that purpose.

4. Here are three additional tips for optimizing your work with this book:
   - Don't use a dictionary that is too small.
   - Don't forget to enter terms that seem important to you in your vocabulary notebook.
   - Use the answer keys only to correct your answers.

1.2 Il dizionario, un tesoro da scoprire
The Dictionary – a Treasure Worth Discovering

You're certain to treasure your dictionary, because it not only contains a compilation of words and phrases, but also includes important information about the entries that can help you in the learning process.

What information do these dictionary entries provide? Read them through, and then complete these sentences.

1.
> **autista** [ow-'tees-tah] <-i *m*, -e *f*> *mf* Chauffeur, paid driver of a motor vehicle.

a. The word **autista** is stressed on the _____ .

b. **The chauffeur** (*m*) is *l'*_____ , the chauffeur (*f*) is *l'*_____ .

c. **The chauffeurs** (*f*) are *le*_____ , the chauffeurs (*m*) are *gli*_____ .

2.
> **physician** [fee-'see-shahn] Medico *m f*, dottore, -essa *m, f*.

The **physician** (*m*) can be translated as *il*____ or *il*_____ , the

physician (*f*) as *il*_____ or *la*_____ .

Cercare la traduzione adatta
Looking for the Right Translation

In longer dictionary entries, the translation you're looking for may not appear until near the end. Don't just settle for the first indication you come across.

Which translations would you choose for the words in boldface?

1. What **field** do you intend
   to specialize in?

   _____ or _____

> **field** [feeld] **1.** campo, prato, terreno, *m*; **2.** *fig* (*field of study*) campo *m*, materia *f*; (*sphere*) sfera *f*; **in every ~** *fig* in tutti campi; **in the ~ of technology** in campo tecnico.

> **breakdown** [breh-eek-dah-oon], **1.** (*collapse*) collasso, esaurimento, indebolimento, *m*; **2.** (*of motor*) panna, *f*; **3.** (*of train*) guasto, *m*.

2. How can you drive
   such a rattletrap to
   Italy! You're likely to
   have a **breakdown**!

   _____

3. = Sai che **Mario è andato in pensione?**
   – Davvero, sembra così giovane!

   _____

   _____

> **pensione** [pehn-see-oh-neh] *f* **1.** (*albergo, alloggio*) private hotel, boarding house; **2.** (*rendita*) pension, annuity; **~ completa** room and board; **mezza ~** room with breakfast and one principal meal; **~ di guerra** pension paid to war victim; **~ per la vecchiaia** old-age pension; **essere (stare) a ~ da (presso) qu** to board with s.o.; **tenere a ~ qu** to have s.o. as a boarder; **andare in ~** to retire.

> **piano, -a** [pee-ah-noh] **I.** *adj* **1.** (*piatto*) plain, flat, level; **2.** *ling* stressed on the next to last syllable; **3.** *fig* (*facile*) plain, clear, intelligible; **II.** *adv* **1.** (*adagio*) softly, gently, slowly; **2.** (*a bassa voce*) quietly; **3.** *mus* softly, piano; **pian ~** very gently, very quietly; **chi va ~, va sano e va lontano** *prov* make haste slowly.

4. Con gli stranieri bisogna parlar **piano,**
   se no non capiscono.

   _____

Espressioni idiomatiche
Idiomatic Expressions

Idiomatic expressions are important, especially in everyday life. But how can you learn them? The best way is to read through the most important turns of phrase every time you look up a word. Then, immediately enter the expressions that are useful to you into your vocabulary notebook.

What is missing in the short conversations below? Using the phrases supplied here, fill in the blanks.

| Che ne diresti | faccia pure | Non c'è male | a presto |
| Ti dispiace | di niente | dare una mano | vanno d'accordo |

1. – Buongiorno, signor Merlo, come sta?

   = _____ , grazie.

2. – Grazie tante, è proprio gentile!

   = Ma _____ , signora!

3. – Senti, mi puoi _____ , è troppo pesante per me la valigia.

   = Sì, certo.

4. – Senti, io adesso devo andar via, è tardi!

   = Beh, allora ciao e _____ !

5. – Scusi, posso fumare?

   = Ma certo, _____ !

6. – Ho sentito che Anna e Mario non _____ .

   = È vero, litigano continuamente.

7. – _____ di andare al cinema stasera?

   = No, stasera no, sono troppo stanco.

8. – Che caldo qui! _____ aprire un po' la finestra?

   = Ma no, per niente!

1.5 Parole che stanno bene insieme
Words That Go Together

A word can't just be combined with any other word you please. You can say *"leggo un libro,"* for example, but not *"bevo un libro."* Commit appropriate pairings of words to memory, and then add other possible variations.

a) Each verb in the circle on the left can be matched with a noun in the circle on the right. Indicate which words go together.

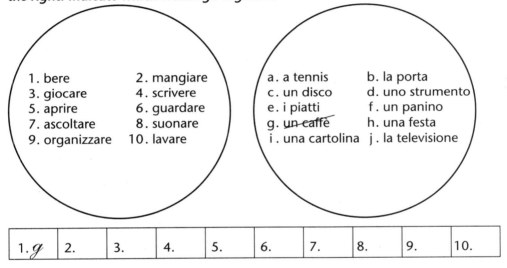

1. bere 2. mangiare
3. giocare 4. scrivere
5. aprire 6. guardare
7. ascoltare 8. suonare
9. organizzare 10. lavare

a. a tennis b. la porta
c. un disco d. uno strumento
e. i piatti f. un panino
g. un caffè h. una festa
i. una cartolina j. la televisione

1. *g*	2.	3.	4.	5.	6.	7.	8.	9.	10.

b) And which verbs do the following nouns go with? Using the verbs given above in a), fill in the blanks.

a. *scrivere* una lettera

b. _____ un viaggio

c. _____ uno spettacolo

d. _____ a carte

e. _____ la biancheria

f. _____ la frutta

g. _____ una discussione

h. _____ il campanello

i. _____ la finestra

j. _____ un succo di frutta

And now you can hunt for additional nouns that can be paired with the verbs listed in a), and then enter the combinations into your vocabulary notebook.

1.6 Come imparare parole con un testo

Reading Comprehension

Reading passages are a real treasure trove for eager learners. First, however, you need to read and understand the material, before you start combing through it in search of useful words and expressions.

a) Read the passage without stopping at individual words.

Come mi piace fare vacanza

Sono lontani i tempi delle vacanze in tenda, delle notti passate a ballare in discoteca o a parlare e cantare intorno a un fuoco.

Lontani sono anche gli anni delle vacanze attive: non mi alzo più alle cinque per camminare ore e ore su per la montagna con uno zaino pesantissimo. Ed è da tempo che non vedo più un centro storico al giorno, con museo, castello, chiese e monumenti vari. Non voglio più, la sera, arrivare in albergo, cadere sul letto stanco morto e addormentarmi subito.

E poi non ho più voglia di star fermo su un'autostrada, al sole, in mezzo a una coda di 20 km, non ho voglia di viaggiare in treni pieni zeppi e non ho voglia di correre il rischio di non trovare posto nella sala d'aspetto di un aeroporto. Tutto ciò, per fortuna, non mi succede più da anni.

Adesso in vacanza desidero rilassarmi, riposarmi. E così non parto mai in luglio - agosto, non vado in zone turistiche, non faccio lunghi viaggi in macchina e vado solo in piccoli alberghi tranquilli, lontani dal traffico. La buona cucina - a me piace molto mangiar bene - e la possibilità di fare lunghe passeggiate non troppo faticose sono altri due elementi di una vacanza ideale. Vado anche a visitare chiese, castelli e musei, naturalmente, ma solo uno o due al giorno, mai di più. Ecco, come adesso mi piace fare vacanza.

b) Would you like to find out whether you've understood what you read? Mark the sentences that you think are correct.

La persona che scrive ...
1. è molto giovane.
2. non fa più vacanza in tenda.
3. ha sempre cercato posti tranquilli.
4. non va in vacanza in alta stagione.
5. ama la buona cucina.
6. va solo in alberghi vicini all'autostrada.

c) Read the passage again, and look for the missing parts of the word combinations given here.

1. Noun + adjective or adjective + noun

a. vacanze *attive*

b. uno zaino _____

c. zone _____

d. alberghi _____

e. un centro _____

f. una vacanza _____

g. *lunghi* _____ viaggi

h. la _____ cucina

i. _____ alberghi

j. _____ passeggiate

2. Verb + preposition + noun

a. *ballare* _____ in discoteca

b. _____ su per la montagna

c. _____ in albergo

d. _____ sul letto

3. Conceptions of time

a. Non mi alzo più *alle* cinque per camminare **ore e** _____ .

b. Ed è _____ **tempo** che non vedo più un centro storico _____ **giorno**.

c. Non voglio più, **la** _____ , cadere sul letto e addormentarmi _____ .

4. Useful expressions

a. **Non ho** *voglia* di viaggiare in treni **pieni** _____ .

b. Non voglio più cadere sul letto **stanco** _____ .

c. Vado solo in alberghi **lontani** _____ **traffico**.

d. A me piace **mangiar** _____ .

1.7 Anche le immagini possono essere utili

Pictures Can Be Helpful, Too

Pictures that you happen to come across are excellent for increasing your vocabulary. You'll find suitable material everywhere: in newspapers, magazines, and calendars. Cut out whatever catches your eye, paste it into your vocabulary notebook, and write whatever comes to mind: your reactions, thoughts, associations, or simply individual words.

Look at the drawings, and then match the sentences below with the appropriate drawings.

1.

2.

3.

4.

- [ ] a. Che ingorgo!
- [ ] c. Povera donna!
- [ ] e. Il padrone è simpatico.
- [ ] g. Ha perso tutto.
- [ ] i. Due sembrano molto sportivi.
- [ ] k. Ha un bel sorriso.

- [ ] b. Che buffi questi maiali!
- [ ] d. È proprio brutta la guerra.
- [ ] f. Forse è successo un incidente.
- [ ] h. Il cane è fiero.
- [ ] j. Sanno saltare i maiali?
- [ ] l. Ci sono troppe macchine!

If something comes to mind as you look at the drawings, don't hesitate. Add it to your vocabulary notebook right away!

1.8 Imparare secondo ambiti tematici

Learn Words by Subject Area

It's helpful to learn words that pertain to a certain topic at the same time. You can subdivide larger subject areas as indicated below, and then expand them at will. In our example, all the words fall under a single topic heading: "town."

Put the following words into the correct blanks below.

a. le abitazioni	b. la macchina	c. il corso	d. il mercato	e. il viale
f. il bar	g. il museo	h. il centro	i. la piazza	j. la discoteca
k. il ponte	l. l'ospedale	m. il semaforo	n. la boutique	o. l'università
p. la trattoria	q. la periferia	r. la sala giochi	s. il teatro	t. la macelleria
u. il tassì	v. il ristorante	w. la posta	x. il supermercato	y. la strada

il tabaccaio
il negozio di generi alimentari

le abitazioni

la chiesa

2. fare acquisti

1. edifici

3. traffico

l'autobus
la zona pedonale

la città

5. locali

il night-club
la pizzeria

4. zone

il quartiere

1.9   Contrari
Opposites

Opposites attract, as we all know – and are easier to memorize, one might add, when you're dealing with words and phrases. Don't just look up the word for "fast"; learn its opposite at the same time.

a) A pair of opposites is concealed in each of the short dialogues below. Write the pairs in the blanks provided.

1. – Come stai oggi, bene?
   = Beh, non male come ieri.   *bene - male*

2. – Senti, perché non mangiamo fuori?
   = No guarda, stiamo dentro, fuori fa fresco.   _____

3. – È difficile la traduzione?
   = No, è facile.   _____

4. – Non è un po' stretto questo vestito?
   = No, anzi, a me sembra troppo largo.   _____

5. – La pizza è buona solo se è calda.
   = E con una bella birra fredda è ottima.   _____

b) Seek and you will find. You can find 10 pairs of opposites here.

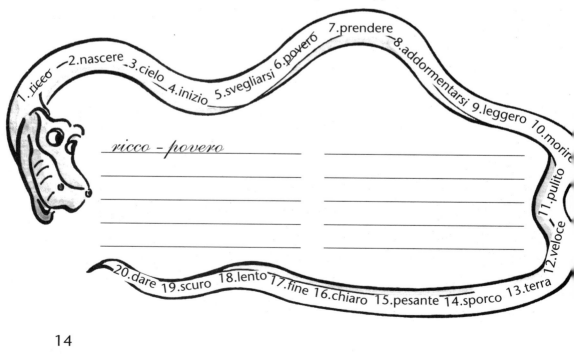

1.ricco   2.nascere   3.cielo   4.inizio   5.svegliarsi   6.povero   7.prendere   8.addormentarsi   9.leggero   10.morire   11.pulito   12.veloce   13.terra   14.sporco   15.pesante   16.chiaro   17.fine   18.lento   19.scuro   20.dare

ricco - povero

1.10 Famiglie di parole
Word Families

Some words, like members of a family, have the same root. Take advantage of such family groups to increase your vocabulary efficiently. Don't just look up the word for "sick"; hunt for "sickness" at the same time.

a) Using a dictionary if necessary, fill in the missing words.

verbo	sostantivo
1. amare	*amore*
2. _____	vita
3. prenotare	_____
4. decidere	_____
5. _____	permesso
6. sbagliare	_____
7. informare	_____
8. _____	arrivo

b) What do most of us wish? You'll find out when you form the adjectives that go with the nouns below.

1. Chi non vorrebbe essere...

giovane giovinezza , _____ bellezza ,

_____ ricchezza , _____ forza ,

_____ salute e _____ simpatia ?

2. Nessuno vuole essere...

_____ vecchiaia , _____ povertà ,

e _____ malattia .

15

Chapter 2

Gruppi di parole
Word Groups

1. Learn words in groups.

You're already familiar with this principle: For efficient learning, words that go together should be memorized together. For example:
- words for pieces of furniture and accessories,
- words for days and parts of days,
- numbers.

2. Look for special features in word groups.

Memorize the peculiarities of individual word groups, for example:
- the difference in meaning between
  sabato   next Saturday
  and
  il sabato   on Saturdays.
- the formation of the perfect tense for verbs of motion. Some form the perfect with *avere*, others, with *essere*.
  For example, we say
  I entered   *sono entrato*
  but
  I went   *ho camminato.*

2.1 Colori
Colors

The best way to learn the colors is to memorize them in connection with something that is that color, such as a fruit or an animal.

a) What color comes to mind when you think of the things depicted here? Match the colors with the nouns.

1. *rosso*
2. *giallo*
3. *verde*
4. *azzurro*
5. *arancione*
6. *viola*
7. *grigio*
8. *bianco*
9. *nero*
10. *marrone*

il vestito da sposa

a. *bianco*

la cornacchia

b. _____

il caffè

c. _____

l'elefante

d. _____

l'erba

e. _____

la violetta

f. _____

il mare

g. _____

la banana

h. _____

la carota

i. _____

il cuore

j. _____

b) Would you like to take another step and use the colors in sentences? Fill in the blanks below with the appropriate words.

| arancione | bianco | bianca | rossi | nere |
| viola | verdi | gialli | marrone | gialle |

Il latte è ___*bianco*___ e anche la panna è _____ . Le banane sono

_____ e _____ sono i limoni. _____ sono invece le castagne,

_____ i pomodori, _____ o _____ le olive, _____

le melanzane . Arance, albicocche e mandarini sono tutti _____ .

2.2 Mobili, oggetti di arredamento, abbigliamento

Furniture, Accessories, Clothing

Italian design and Italian fashion are certainly quite familiar to you, and you're sure to know quite a few terms from those fields. Try to place the words listed below under the correct headings.

il tavolo	le scarpe	il vaso	l'armadio
la giacca	il tappeto	la gonna	il cappotto
la sedia	la camicia	il divano	il quadro
gli stivali	la poltrona	lo specchio	il maglione
la scrivania	la lampada	la camicetta	i pantaloni
le tende	la cravatta	il cuscino	l'impermeabile

mobili	oggetti di arredamento	abbigliamento
il tavolo		

 You can make this exercise even more effective by entering these lists into your vocabulary notebook and adding to them.

2.3 I giorni
Days of the Week

a) To keep from confusing Friday with Thursday and afternoon with evening, try to put the following terms into the correct column. Keep in mind the proper sequence of the days of the week.

stamattina
ieri pomeriggio
giovedì
pomeriggio
domenica

sera
mercoledì
domani mattina
questo pomeriggio
venerdì

lunedì
mattina
stasera
sabato
notte

domani sera
stanotte
martedì

giorni	parti della giornata	precisazioni
1. *lunedì*		1. *stamattina*
2. _____	1. _____	2. _____
3. _____	2. *pomeriggio*	3. _____
4. _____		4. _____
5. _____	3. _____	5. _____
6. _____		6. _____
7. _____	4. _____	7. _____

Keep in mind the following difference in meaning:
Sabato esco.   (Next) Saturday I'm going out.
Il sabato esco.   On Saturdays I go out.

b) Translate the information in English into Italian, and fill in the blanks.

1.	on Sundays	_____ mi alzo tardi.
2.	Tuesday morning	_____ devo andare dal dentista.
3.	on Wednesday evenings	_____ vado al corso di italiano.
4.	Thursday afternoon	_____ vado da Anna.

2.4   I mesi e le stagioni
Months and Seasons

a) What are the names of the four seasons in Italian?

1. _____   2. _____   3. _____   4. _____

b) Graziella tells us what she does during each season. Fill in the blanks in her description with the information required.

1. ___*In estate*___ vado al mare.

2. _____ vado a sciare.

3. _____ faccio la vendemmia.

4. _____ pulisco tutta la casa.

in primavera

in autunno   in estate

in inverno

c) Most of the names of the months are similar in English and Italian. The following hints will surely guide you to the right answers. Fill in the blanks.

1. ge _ _ _ io   4. ap _ _ _ e   7. lu _ _ _ o   10. ott _ _ _ e

2. feb _ _ _ io   5. mag _ _ o   8. ag _ _ _ o   11. no _ _ _ bre

3. ma _ _ o   6. gi _ _ _ o   9. sett _ _ _ re   12. dic _ _ _ _ e

d) Using the dates given on the right, answer the following questions with the name of the correct month.

1. – Quest'anno vado in vacanza in agosto, e Lei?

   = Io ci vado _____

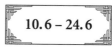

10. 6 – 24. 6

2. – Io sono nata in dicembre, e Lei?

   = Io _____

31. 7. 1950

I numeri
Numbers

a) What confusion! Can you put these numbers into the correct order?

				diciotto	
diciassette	undici		quindici		dodici
				tredici	
sedici	quattordici		venti		diciannove

1. *undici* 2. _____ 3. _____ 4. _____

5. _____ 6. _____ 7. _____ 8. _____

9. _____ 10. _____

b) Do you have problems with the following numbers? When you write them out correctly, the gray-shaded boxes will reveal the diminutive of an Italian name.

40 □□□□■□□□

31 □□□■□□□□

58 □□□□□□□■□□□□

101 □□□□□□■

67 □□□□□■□□□□□□□

1000 □□■□□

76 □□□□□■□□□□

8000 □□□■□□□□

Answer: _____

2.6 L'ora
Telling Time

a) What time is it? Match the times below with the clock faces.

e. mezzogiorno e mezza   i. l'una meno un quarto   d. le due e un quarto

b. le due e mezza   a. l'una   c. mezzanotte   f. le tre meno venticinque

g. le tre meno un quarto   h. le due e venticinque   j. mezzogiorno

Sono le...

1. _____   2. _____   3. _____   4. _____   5. _____

È...

6. _____   7. _____   8. _____   9. _____   10. _____

b) Anna tells us what her day is like. Fill in the blanks by writing out the times indicated.

1. Di solito mi alzo alle _sette e un quarto._ 2. Verso le _____

_____ vado in ufficio.   3. Alle _____ circa

vado a prendere un caffè al bar.   4. Dall' _____

alle _____ l'ufficio chiude e io torno a casa.   5. La sera

non sono mai a casa prima delle _____ e non vado

quasi mai a letto prima delle _____.

2.7 L'anno e la data
Years and Dates

a) Can you write out the following numbers? Give it a try.

1996 _____   1789_____

These numbers become years when you put the word *nel* in front of them:
Nel 1789 è cominciato la rivoluzione francese.   The French Revolution
began in 1789.

b) Now write out the years in which the following events occurred.

1. *1990* _____ c'è stata la riunificazione tedesca.

2. *1492*_____ C. Colombo ha scoperto l'America.

3. *1968* _____ l'uomo è andato sulla luna.

4. *1989* _____ è caduto il muro di Berlino.

5. *1861* _____ l'Italia si è unita.

In Italian, the ordinal number is used only for the first day of the month. For all
other days, the cardinal numbers are used, as in these examples:
Il 1° (primo) febbraio comincio a lavorare.   start work on February first.
Il 2 (due) marzo mi sposo.   I'm getting married on March second.
Il 31 (trentun) maggio è mio compleanno.   My birthday is May thirty-first.

c) Now you can surely give the following dates in Italian.

1. La festa nazionale italiana è _____ .	June 2
2. La festa nazionale tedesca è _____ .	October 3
3. La festa nazionale francese è _____ .	July 14
4. La festa nazionale svizzera è _____ .	August 1

2.8 Auguri
Wishes and Congratulations

a) The right word at the right time. That's especially important with wishes and congratulations. What would you say on the following occasions?

a. Buon viaggio!	b. Buona Pasqua!	c. Buona notte!
d. Buon Natale!	e. Buon divertimento!	f. Buon compleanno!
g. Salute!	h. Tanti auguri!	i. Auguri!

1. ☐
2. ☐
3. ☐

4. ☐
5. ☐
6. ☐

7. ☐
8. ☐
9. ☐

b) Without *buono*, the following wishes and congratulations are null and void. But which of the forms of *buono* listed below is called for on these occasions? Write the appropriate form in each blank.

1. *Buone* feste!
2. _____ riposo!
3. _____ lavoro!
4. _____ appetito!
5. _____ fortuna!
6. _____ anno!
7. _____ vacanze!
8. _____ serata!

Buona   Buone
   Buon
Buon   Buona
   Buon
   Buon
Buone   Buon

2.9 Opinioni

Expressing Your Opinions

a) *Your opinion of a film, for example, may be positive (☺), negative (☹), or somewhere in between (☺). Which attitude is expressed by the answers given below? Put the sentences into the correct columns.*

Le è piaciuto il film?

1. Come no!
2. Molto, sì.
3. Per carità!
4. Così così.
5. Insomma.
6. Certo, tantissimo.
7. No, per niente.
8. No, affatto.
9. Certo, eccome!
10. Mah, non tanto.
11. Enormemente!
12. Mah, non so.

☺ positivo	☹ negativo	☺ riservato
Come no!		

b) *Perhaps you would like to give longer answers? You have several options here as well. Match them up.*

☺ 1. Come no! | | | | |

☹ 2. No, affatto. | | | | | |

☺ 3. Così così. | | | |

a. Secondo me non vale niente.
b. Lo trovo troppo noioso.
c. È divertentissimo!
d. Ne ho visti di migliori.
e. È uno schifo!
f. È fatto molto male.
g. Per me è un vero capolavoro.
h. Lo trovo bellissimo.
i. È un po' lungo, ma non è male.
j. È proprio brutto.
k. Alcune cose sono belle altre no.
l. Lo trovo geniale.

2.10 Esprimere delusione, gioia, meraviglia
Expressing Disappointment, Pleasure, Surprise

 The preceding exercise demonstrated that you can't always content yourself with brief utterances. Sometimes to express states of mind, for example, entire sentences are necessary.

Do the answers in the short dialogues express disappointment, pleasure, or surprise? Put them into the correct columns.

1. – La settimana prossima non devo lavorare.
   = Ma è fantastico!

2. – Scusa, ma non ho pensato al dessert.
   = Peccato!

3. – Senti, non possiamo andare a Parigi; si è ammalato un collega e adesso devo lavorare.
   = Oh, no! Di' che non è vero!

4. – Hai sentito che ha vinto il Milan?
   = Che bello!

5. – Sai che Ciambelli è il nuovo direttore?
   = Ma no, ma com'è possibile?

6. – Ho avuto fortuna: il lavoro mi piace, i colleghi sono gentili...
   = Sono contento per te.

7. – Sapevi che la signora Frenzelin ha già 60 anni?
   = No, davvero?

8. – Scusa, ma non posso venire alla festa, ho un impegno.
   = Oh, mi dispiace!

9. – Ho saputo che Franco porta il parrucchino.
   = Ma guarda un po'!

10. – Che ne diresti di passare il fine settimana al mare?
    = Ottima idea!

11. – Sai che Gianna si è sposata?
    = No, ma dici sul serio?

12. – Sai che la squadra italiana è al decimo posto?
    = No, che delusione!

delusione	gioia	meraviglia

2.11 Verbi di movimento
Verbs of Motion

a) What kinds of motions are depicted here? Write the verbs listed below under the appropriate drawings.

viaggiare	cadere	scendere	camminare
entrare	saltare	correre	nuotare
salire	ballare	sciare	uscire

1. _____ 2. _____ 3. _____ 4. _____

5. _____ 6. _____ 7. _____ 8. _____

9. _____ 10. _____ 11. _____ 12. _____

Some verbs of motion form the perfect tense with *essere*, while others use *avere*.
To avoid mistakes, memorize the verbs that require the use of *avere* in the perfect tense.

b) Put the verbs listed below into the perfect tense, and tell what Mr. Always-on-the-go did.

1. salire   *È salito* _____ a piedi al 5° piano.

2. camminare _____ per ore e ore.

3. sciare   _____ tutto il giorno.

4. uscire   _____ senza ombrello.

5. nuotare   _____ da solo.

6. viaggiare _____ molto.

Chapter 3

Argomenti
Topics

1. Collect words and expressions that pertain to certain topics.

If there is a subject that interests you, it's a good idea to collect relevant words and expressions. Some possible topics:
- vacation,
- house and garden,
- occupations.

2. Memorize sentences dealing with certain topics, too.

For some subject areas, it is useful to commit entire sentences to memory. That is true, for example, for personal data, descriptions of other people, and the weather.

3. Exercises provide good models.

You can use some of the exercises in this book as models, as well as the entries in your vocabulary notebook. Try these:
- drawings that illustrate abstract concepts,
- drawing and naming concrete things,
- breaking down topics into subgroups,
- word networks.

3.1 Indicazioni sulla persona
Personal Data

a) *Two people are introducing themselves. Read the passage below, and fill in the blanks with the appropriate words.*

1. Sono   Ho   lavoro   Mi chiamo   divorziata   abito   Sono

_____ Claudia Buzzi. _____ di Alessandria,

ma da dieci anni _____ e _____ a Bergamo.

_____ impiegata in una ditta di import - export. _____

due figli e da quattro anni sono _____ .

2. senza   a   nato   sono   lavoro   ho   sposato

Io _____ Walter. Sono _____ a Bologna, _____

31 anni e da tre anni sono _____ , _____ figli.

Abito _____ Trieste, ma _____ a Monfalcone.

b) *Claudia would like to retrain for another career. Using the information contained in a), fill out her application form.*

Dati personali		
Cognome: _____ Nome: _____ Professione: _____		
Luogo di nascita: _____ Data di nascita: *14. 2. 1967*		
Cittadinanza: _____		
Residenza: _____		

c) *You would like to get some information from a nice person. Match the questions with the things you want to know.*

1. What her name is.
2. How old she is.
3. What her occupation is.
4. Where she was born.
5. Where she lives.
6. Whether she is married.
7. Whether she has children.

a. Dove abita?
b. Ha figli?
c. È sposato, -a?
d. Che lavoro fa?
e. Quanti anni ha?
f. Come si chiama?
g. Di dov'è?

1.	
2.	
3.	
4.	
5.	
6.	
7.	

3.2 Paesi e nazionalità
Countries and Nationalities

Learn the name of a country along with the article that goes with the noun. In Italian, unlike English, the article is usually used along with the country name:
L'Italia è un bel paese. Italy is a beautiful country.
No article is used, however, if *in* precedes the country name:
Sono nata in Italia. I was born in Italy.

a) Fill in the missing country or nationality. We've supplied some of the difficult words for you. The other words to be filled in will present no problems.

ungherese

israeliana

la Svezia

la Turchia

giapponese

polacca

paese	nazionalità		paese	nazionalità
1. l'Italia	*italiana*	8. _____	canadese
2. _____	portoghese	9. Israele	_____
3. la Germania	_____	10. l'Ungheria	_____
4. _____	brasiliana	11. l'Inghilterra	_____
5. la Polonia	_____	12. _____	greca
6. l'Irlanda	_____	13. il Giappone	_____
7. _____	turca	14. _____	svedese

b) People of different nationalities meet. Read the text below and fill in the missing countries and nationalities. The internationally used country abbreviations will help.

1. John è __*inglese*__ , di Londra, ma abita in ⟨CH⟩ _____ .

2. Carla e Pierre stanno in ⟨F⟩ _____ ; lui è _____ , di Parigi, lei invece è _____ , di Firenze.

3. Ueli e Vreni stanno in ⟨A⟩ _____ , ma non sono _____ , sono _____ , di Zurigo.

4. Sharon è _____ , di New Orleans e vive in ⟨NL⟩ _____ .

5. Juan è _____ , di Madrid.

30

3.3 Professioni
Occupations

With occupational designations, it is helpful to learn the masculine and feminine forms at the same time. Keep a few rules in mind:
- If the masculine form ends in *–o*, then the feminine will end in *–a*: *l'impiegato/l'impiegata*.
- If the masculine form ends in *–ista*, then the feminine usually will end in *–ista*: *il farmacista/la farmacista*.
- If the masculine form ends in *–tore*, then the feminine usually will end in *–trice*: *lo scrittore/la scrittrice*.
- Some occupational designations have only a masculine form: *il medico* the physician.

a) Fill in the following lists with the missing forms.

1. l'infermiere	l' *infermiera*	2. l'impiegato	l' _____
3. il _____	la parrucchiera	4. l'operaio	l' _____
5. lo studente	la _____	6. l'attore	l' _____
7. il _____	la professoressa	8. il _____	la traduttrice
9. il giornalista	la _____	10. l'ingegnere	l' _____
11. l' _____	l'insegnante	12. il dentista	la _____
13. l'apprendista	l' _____	14. l' _____	l'avvocato

b) Now read what a few people have to say about their occupations. Then decide which of the occupations listed below is being described.

a. segretaria   b. maestra   c. cameriera   d. cantante

☐ 1.   Nel mio mestiere si lavora di sera e si può guadagnare moltissimo.

☐ 2.   Io vorrei cambiar lavoro; il mio è faticoso e mal pagato. Quando i clienti mi danno poca mancia guadagno pochissimo.

☐ 3.   Io sono contenta del mio lavoro: è ben pagato, non lavoro più di otto ore al giorno e ho il fine settimana libero.

☐ 4.   La mia professione mi piace molto: è bello vedere come i bambini imparano a leggere e a scrivere. E poi ho anche molte vacanze.

3.4 Famiglia e parentela
Family and Relationships

Before starting the exercise, remember that Italian has only one word for grandson and nephew and one word for granddaughter and niece: *il nipote* for the former, *la nipote* for the latter. Keep in mind, too, that designations of kinship that are in the masculine plural can have more than one meaning. For example, *gli zii* can mean "the uncles" or "the aunts and uncles." *I figli* even has three different meanings: the sons; the children; the sons and daughters.

a) Someone has forgotten to give the names of four persons in the family tree below. The names of the four are contained in the information that follows. Read the passage through, look carefully at the family tree, and then write in the missing names.

Ezio non è sposato, anche se non è più tanto giovane. Secondo lui è meglio vivere da single che annoiarsi in due davanti alla televisione.

Sara ha 25 anni, è fidanzata e vuole sposarsi al più presto.

Lucia è figlia unica, ha il ragazzo, ma non pensa ancora al matrimonio.

Anna è vedova da pochi mesi. È ancora molto giù, anche se i figli le stanno vicini il più possibile.

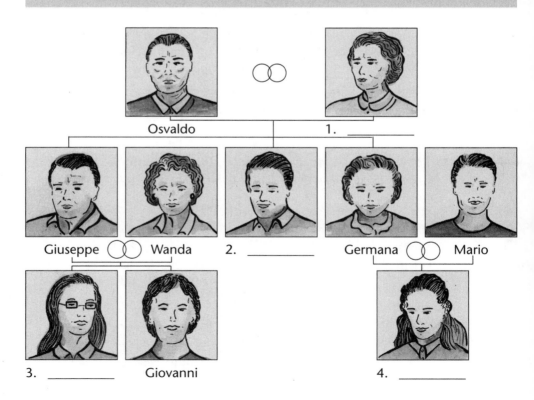

Osvaldo   1. _____

Giuseppe ⊙⊙ Wanda   2. _____   Germana ⊙⊙ Mario

3. _____   Giovanni   4. _____

b) *How should the following family and kinship designations be applied in the case of the Violettas? Look at the family tree carefully, and then fill in the blanks below.*

il nipote	i genitori	la figlia	lo zio	la cugina	la sorella
il nonno	la moglie	il cugino	i cugini	i nipoti	il padre
i figli	il marito		la madre	i nonni	
la nonna		il figlio	la zia	gli zii	il fratello

1. Osvaldo e Anna sono _____ di Ezio.

2. Ezio è _____ di Sara e Giovanni.

3. Sara e Giovanni sono _____ di Lucia.

4. Lucia è _____ di Germana.

5. Germana è _____ di Mario.

6. Mario e Germana sono _____ di Sara.

7. Sara è _____ di Giovanni.

8. Giovanni è _____ di Osvaldo.

9. Osvaldo e Anna sono _____ di Lucia.

10. Lucia, Sara e Giovanni sono _____ di Ezio.

11. Ezio è _____ di Giuseppe.

12. Giuseppe è_____ di Wanda.

13. Wanda è _____ di Sara.

c) *Match the words that were left over with their English equivalents.*

1. grandmother	_____	2. cousin	_____
3. aunt	_____	4. father	_____
5. grandfather	_____	6. children/sons	_____
7. cousin	_____	8. son	_____

Descrivere una persona

How to Describe Someone

Learning entire sentences makes it easier to describe people. The words and expressions you need are especially easy to memorize if you use them to describe friends, acquaintances, and relatives:

Mio marito ha i baffi.	My husband has a mustache.
Mio padre è già anziano.	My father is already old.
Mia sorella è alta e snella.	My sister is tall and slender.

To which of the two persons shown below do the following sentences refer? Write the numbers in the boxes.

1. È piccolo.
2. È anziano.
3. È grasso.
4. È giovane.
5. È alto.
6. È brutto.
7. È mal vestito.
8. È carino.
9. Ha i baffi.
10. Porta gli occhiali.
11. Ha un bel naso dritto.
12. È snello.
13. Ha i capelli corti e biondi.
14. Ha la barba.
15. Porta un cappello.
16. Ha i capelli lunghi e castani.
17. Porta dei pantaloni chiari.
18. È ben vestito.

A:

B:

Abitare
Living Arrangements

a) Which of the words below designate parts of a house, and which designate objects found in the household? Put the words in the appropriate list.

1. la cucina	2. la camera da letto	3. il corridoio	4. la forchetta
5. la tazza	6. la lavastoviglie	7. l'ascensore	8. la pentola
9. la porta	10. l'impianto stereo	11. l'aspirapolvere	12. la finestra
13. il frigorifero	14. la cantina	15. le scale	16. il gabinetto
17. la lavatrice	18. il coltello	19. il pianterreno	20. l'ingresso
21. il balcone	22. il bicchiere	23. il cucchiaio	24. il televisore
25. la terrazza	26. il piatto	27. il garage	28. il soggiorno
29. il bagno	30. il cucchiaino	31. la tovaglia	32. il frullatore

casa

la cucina _____ _____ _____

_____ _____

_____ _____

_____ _____

_____ _____

_____ _____

_____ _____

oggetti

_____ _____

_____ _____

_____ _____

_____ _____

_____ _____

_____ _____

_____ _____

b) The following terms could also be helpful in describing a house or an apartment. Read the first statement, and then complete the second statement with words that mean the opposite of those in boldface.

sporca

rumorosa   antichi   vecchia

buie

A me piace abitare in una casa **nuova**, **tranquilla** e **pulita**, con mobili **moderni** e stanze **luminose**.

Nemmeno a me piace stare in una casa _____ ,

_____ e _____ ,

con mobili _____

e stanze _____ .

35

3.7 Sentimenti e stati d'animo

Feelings and Moods

Drawings can help you memorize abstract concepts more easily, including words that describe feelings and moods.

Write the following adjectives under the appropriate drawing.

indifferente   preoccupato   innamorato   felice   disperato
    deluso   arrabbiato   triste

3.8 Occupazioni nel tempo libero

Leisure Activities

There are a great many leisure activities, but you can say a lot about them with only
a few verbs. Why not try just memorizing which nouns go with which verb?

Match the following words with the appropriate verb.

1. dello sport	2. a teatro	3. una mostra	4. a bridge	5. un fumetto
6. il piano	7. un libro	8. uno spettacolo	9. a bocce	10. ginnastica
11. il violino	12. di italiano	13. la televisione	14. di disegno	15. la musica
16. a maglia	17. la partita	18. una passeggiata	19. al cinema	20. una rivista
21. a carte	22. di cucina	23. un film	24. di fotografia	25. il giornale
26. uno strumento		27. a scacchi	28. in discoteca	29. il jogging
30. a ballare		31. la chitarra		

FARE

dello sport
_____
_____
_____

ANDARE

_____
_____
_____
_____

ANDARE A VEDERE

_____
_____
_____
_____

SUONARE

_____
_____
_____
_____

LEGGERE

_____
_____
_____
_____

GIOCARE

_____
_____
_____
_____

FREQUENTARE UN CORSO

_____
_____
_____

LAVORARE

_____
_____

ASCOLTARE

_____
_____

GUARDARE

_____
_____

3.9 Lo sport
Sports

When it comes to sports, it will help to learn simultaneously each athletic activity and the verb that goes with it.

Write the name of the sport and the appropriate verb under each drawing.

il calcio   pattinare   giocare a tennis   la pallacanestro   nuotare
far vela   giocare a pallavolo   il tennis   il judo   giocare a calcio   fare del windsurf
il nuoto   la vela   l'equitazione   giocare a golf   lo sci   il windsurf   la pallavolo
andare a cavallo   far judo   il golf   il pattinaggio   giocare a pallacanestro   sciare

1. *pattinare*   2. _____   3. _____   4. _____

5. _____   6. _____   7. _____   8. *il calcio*

9. _____   10. _____   11. _____   12. _____

3.10 Paesaggi
Landscapes

Do you like to draw? After completing this exercise, you can sketch a landscape of
your own and write in the appropriate words.

Where would you enter the following words?

l'albero	il cielo	l'isola	la nuvola	la spiaggia	la baia	la collina
il lago	l'onda	la valle	il bosco	la costa	il mare	la vetta
il paese	il campo	il fiume	la montagna	la pianura		

1.

5.

3.

2.

4.

10.

8.

7.

6.

9.

12.

13.

11.

14.

15.

16.

19.

17.

18.

39

3.11 Mezzi di trasporto
Means of Transportation

How do you get to work? By car, by bike, or perhaps even on foot? If you would like to answer in Italian, the following may be useful to you. Using the drawings as a guide, fill in the blanks below with one of the words provided.

aereo	motorino	motocicletta	tram	autobus	macchina
macchina	bicicletta	metropolitana	piedi	treno	

Lei per andare al lavoro che cosa prende?

1. Io prendo la _____ , anche perché devo portare il bambino a scuola.

2. Io invece in città non guido volentieri, preferisco prendere l' _____ o il _____ .

3. Io vado ancora a scuola; ci vado in _____ è pratico e veloce.

4. Io per fortuna abito a Milano e per andare al lavoro posso prendere la _____ .

5. La ditta dove lavoro è vicina a casa mia e ci vado a _____ oppure in _____ quando è tardi.

6. A me piace molto andare in _____ ; la prendo anche per andare al lavoro.

7. Io sono fotografo e per il mio lavoro devo viaggiare molto.
   Normalmente viaggio in _____ ,
   qualche volta anche in _____ , quando invece
   devo andare in paesi lontani prendo l' _____ .

Try to remember how verbs are linked with the nouns designating means of transportation. Italians say **prendere il** treno, **prendere la** macchina ... , but **andare** or **viaggiare in** treno, **andare** or **viaggiare in** macchina ...

3.12 Oggetti del mondo moderno
Objects of the Modern World

We can scarcely avoid them anymore, these objects of the modern world. In any event, they do have one advantage: the words we use for them are often internationally recognized.

Try to match the following words with the drawings below.

il videoregistratore   il fax   il computer   il telefonino   la carta telefonica

il walkman   il telefono portatile   il dischetto   l'autoradio   il citofono

la videocassetta

la videocamera   il telecomando   la segreteria telefonica   la musicassetta

1._____

2._____

3._____

4._____

5._____

6._____

7._____

8._____

9._____

10._____

11._____

12._____

13._____

14._____

15._____

41

3.13 Oggetti di uso quotidiano
Objects in Everyday Use

Che giornata! What a day! To learn why, all you have to do is to fill in the blanks below. The following words will help you do so. Watch out, some of them appear more than once!

agendina	rasoio elettrico	spazzolino da denti	pettine
soldi	sveglia	penna	asciugamano
fazzoletti	orologio	chiave	telefono
rossetto	occhiali	borsetta	portafoglio
ombrello	rasoio		

1. Che giornata! Volevo dormire a lungo, invece alle 6.30 suona la

_____. 2. Per fortuna mi riaddormento, ma poco dopo squilla

il _____. 3. Mi alzo per andare a rispondere e metto

un piede sull' _____ che, non so perché, è per terra accanto

alla mia _____. 4. Più tardi, in bagno, voglio prendere

lo _____ e tocco il

_____ di Mario e naturalmente il

_____ cade e si rompe. 5. Quando esco dalla doccia sono

le 9.10, è tardi, alle 9.30 devo essere alla stazione.

6. Prendo l' _____ , mi asciugo, mi vesto, prendo

un _____ e via. 7. A metà strada mi accorgo che ho preso un

_____ che non si apre, ma per fortuna non piove molto forte.

8. Arrivo alla stazione alle 9.25, ho ancora il tempo di mettermi un po' di

_____ . 9. Apro la _____: è vuota.

10. Accidenti, ho preso la _____ sbagliata e così ho lasciato a casa

_____ , _____ , _____ ,

_____ , _____ , _____ ,

_____ e _____ della macchina.

3.14 Negozi e commercianti
Shops and Merchants

The name of a shop or a store will not always be familiar to you. When that happens, remember that the name often resembles the name of a product sold in that shop.

Complete the sentences with the following words, and you'll know where to buy what in Italy.

profumeria   fioraio   enoteca   panetteria   pescivendolo   libreria

salumeria   macellaio   fruttivendolo   giornalaio   supermercato

farmacia   grandi magazzini   tabaccaio

1. Le medicine si comprano in _____ .

2. Per la carne si va dal _____ .

3. Sigarette, francobolli e sale si trovano dal _____ .

4. Per profumi e cosmetici è bene andare in _____ .

5. Chi non ha tempo e voglia di andare in tanti negozi per fare la spesa va

   al _____ .

6. Ai _____ si trovano vestiti, biancheria, accessori e
   altro ancora.

7. Per il pane si va in _____ .

8. Salame, prosciutto e formaggio sono buoni in _____

   e se si vuole del buon vino bisogna andare all' _____ .

9. Dal _____ si trovano frutta e verdura fresca.

10. Per il pesce fresco è bene andare dal _____ .

11. I giornali si comprano dal _____ , i libri in _____ ,

    per i fiori invece si va dal _____ .

3.15 Alimenti di base, frutta e verdura
Staple Foods, Fruits, and Vegetables

At the Violettas' house, someone seems to have eaten everything in the refrigerator and the pantry. In any event, quite a few things are missing. But what, exactly? Write the words for fruits, vegetables, and other items in the appropriate list.

In casa mancano tante cose:

1. le mele	2. l'insalata	3. lo zucchero	4. la pasta	5. gli spinaci
6. l'olio	7. i pomodori	8. le pere	9. le arance	10. le carote
11. il riso	12. i limoni	13. l'uva	14. le patate	15. i broccoli
16. le banane	17. il pesce	18. il pane	19. i fagiolini	20. la carne
21. il formaggio	22. le fragole	23. le zucchine	24. le ciliegie	25. le pesche
26. le melanzane	27. le uova	28. il latte	29. le cipolle	30. le albicocche

FRUTTA	VERDURA	ALTRO
_____	_____	_____
_____	_____	_____
_____	_____	_____
_____	_____	_____
_____	_____	_____
_____	_____	_____

 Memorize the following: *gli spinaci,* spinach, is plural in Italian. *L'uva,* grapes, however, is a singular noun.

3.16 Piatti italiani
Italian Dishes

Other countries, other customs – that applies to food, as well. An Italian is unlikely to begin a meal with a salad, and just as unlikely to eat pasta and meat at the same time, or to make a meal of a soup and a pasta dish.

Show what you know about Italian dining customs, and fill in the blanks in the menu with the following dishes.

gnocchi	cozze alla marinara	arrosto di vitello	minestrone
grigliata di pesce	macedonia	fagiolini	insalata di mare
lasagne	ossobuco	panna cotta	insalata verde
pollo arrosto	risotto	antipasto misto	spinaci
torta della casa	patate arrosto	prosciutto e melone	sogliola ai ferri

Antipasti

_____

_____

_____

Pesce

_____

_____

_____

Primi piatti

_____

_____

_____

Contorni

_____

_____

_____

Secondi piatti
Carne

_____

_____

_____

Dessert

_____

_____

_____

3.17 Vacanze
Vacations

Here are a few words and phrases dealing with the subject of vacations. Put them into the word network below.

la stazione   l'albergo   la montagna   la valigia   divertirsi
prendere il sole   il mare   la borsa da viaggio   il supplemento
l'assegno   visitare una città   la carta di credito   l'arrivo   la tenda
la partenza   fare dello sport   il campeggio   l'aeroporto   il lago
la pensione   l'assegno turistico   il biglietto   la roulotte   il passaporto
il camper   riposarsi   l'autostrada   la guida   la campagna
l'appartamento   il porto   la dogana   la villetta

la stazione

la montagna

la valigia

2. viaggio

1. mete

3. bagagli

5. pernottamento   VACANZE

4. attività

l'albergo

divertirsi

3.18 Il tempo
Weather

To which drawings do the following statements refer? Make the appropriate matches.

1. Oggi fa bel tempo. C'è il sole e fa caldo.

2. In questo momento c'è un temporale abbastanza violento con grandine.

3. Da noi fa brutto tempo, il cielo è coperto e c'è un gran vento.

4. Qui fa freddo: ci sono due gradi sotto zero; nevica.

5. C'è nebbia, fa freddo: ci sono solo 6 gradi sopra zero.

6. Qui da noi piove da stamattina e fa un po' fresco.

A

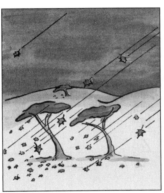

B

C

D

E

F

3.19 Che cosa si fa durante una giornata?
What Is Your Daily Routine Like?

A thoroughly normal day in the life of Mr. and Mrs. Violetta. What is it like? Match the following activities with the drawings below.

a. Lava i piatti.	b. Si alza.	c. Torna a casa.
d. Si veste.	e. Si fa la barba.	f. Vanno a letto.
g. Apparecchia.	h. Si trucca.	i. Si sveglia.
j. Fa la spesa.	k. Dormono.	l. Fanno colazione.
m. Fa la doccia.	n. Fa pulizia.	o. Cenano.

 1. _____

 2. _____

 3. _____

 4. _____

 5. _____

 6. _____

 7. _____

 8. _____

 9. _____

 10. _____

 11. _____

 12. _____

 13. _____

 14. _____

 15. _____

Chapter 4

Formazione delle parole
Word Formation

1. A word is more than a collection of letters.

Often a word consists of a primary word and a prefix or a suffix. The new word thus created has a different meaning from that of the primary word:
- *possibile* possible > *impossibile* impossible,
- *fare* to do > *rifare* to do again,
- *ragazzo* boy > *ragazzino* small boy.

It is important to be able to identify a primary word and to know the meaning of the prefix or suffix. In your vocabulary notebook, set up a chapter on word formation, and list there the words that are formed according to certain criteria. Be careful, however; sometimes appearances are deceiving! The dictionary will help you check.

2. Sometimes you need more than one word to express a concept.

Some terms are composed of two words, but not all of them can be combined the same way as in English. In Italian, you may see combinations like these:
- *scarpe da tennis* tennis shoes,
- *compagno di scuola* schoolmate,
- *fine settimana* weekend.

Once you have collected several such terms and organized them according to the specific way in which they are formed, it will be easier for you to move from the English term to the Italian, and vice versa.

4.1 Aggettivi con prefissi
Adjective Prefixes

As you already know, you can use a prefix to change the meaning of a word. With certain adjectives, for example, you can form the opposite of the original word:

possibile	>	impossibile	informato	>	disinformato
sicuro	>	insicuro	contento	>	scontento

Complete the description of this somewhat dissimilar couple with the opposite of each word in boldface. Use the prefixes in-, dis-, and s-.

1. Lei non esce di casa se il letto non è **fatto**, a lui invece non importa se

   rimane _____.

2. Lui è **felice** quando è solo, lei invece è _____ se non ha nessuno vicino.

3. A lei piacciono le persone **ordinate**, lui preferisce quelle _____.

4. Le cose che lei trova **piacevoli** spesso lui le trova _____.

5. A lei piacciono le persone **oneste**, secondo lui invece sono più interessanti

   quelle _____.

6. Lei vorrebbe essere una persona **conosciuta**, a lui non importa di essere del

   tutto _____.

4.2 Verbi con prefissi
Verb Prefixes

Verbs have prefixes, too. Can you identify the primary verb into the following verbs? Enter it into the left-hand column. On the right, write down the English meaning of the given verb.

1. *fare*	rifare	*to do again*
2. _____	risposarsi	_____
3. _____	disinteressarsi	_____
4. _____	disdire	_____
5. _____	riascoltare	_____
6. _____	rivedere	_____
7. _____	dispiacere	_____

4.3 **Suffissi**

Suffixes

The meaning of a noun is changed by suffixes:
-ino and *-etto* convey the notions "small," "short," and "young,"
as in these words: *ragazza > ragazzina, camino > caminetto, casa > casetto;*
-one means "large," "voluminous," and "fat," as in *donna > donnone;*
-accio usually adds to the primary word a negative connotation such as "bad,"
"evil," or "ugly," as in *ragazzo > ragazzacio, donna > donnaccia.*

*In the following sentences, replace the words in **boldface** with a single word. Use the following endings:*

-accio   -ina   -accio   -ino   -one   -acce   -etta   -one   -ina

1. L'ultima tournée di Paolo Conte è stata un **grande successo** *successone* .

2. Con questo **brutto tempo** _____ nessuno ha voglia di uscire.

3. Dopo cena faccio sempre una **breve passeggiata** _____ .

4. Secondo me, Carla ha un **brutto carattere** _____ .

5. Per il suo compleanno Mario ha organizzato una **grande cena** _____ nel miglior ristorante della città.

6. Vorrei fare un **piccolo regalo** _____ alla vicina; è così gentile!

7. Per la mia **sorella più piccola** _____ domani è il primo giorno di scuola.

8. Ogni lingua ha delle **brutte parole** _____ .

9. Mio figlio ha trovato una **piccola camera** _____ nel centro di Firenze.

4.4 Parole composte con di, da oppure senza preposizione

Compound Words with di, da, or without a Preposition

As you know, some terms are composed of two words. Nouns, for example, can become a single concept as follows:

scarpe **da** tennis   compagno **di** lavoro   fine settimana

*Use the following words to complete the names of the objects and symbols shown below. Use the connecting words **di** or **da**, or no preposition at all.*

~~sigarette~~	parcheggio	sole	ristorante	informazioni
sera	bagno	cucina	frutta	bagagli
lettere	letto	tavola	servizio	telefono

  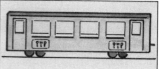

1. pacchetto *di sigarette*   2. costume _____   3. vagone _____

4. occhiali _____   5. succo _____   6. vino _____

 Rossi 38 76 40

7. deposito _____   8. numero _____   9. ufficio _____

 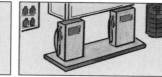 

10. abito _____   11. stazione _____   12. camera _____

13. libro _____   14. divieto _____   15. carta _____

52

4.5 Parole composte da sostantivo e aggettivo

Compound Words: Noun + Adjective

The question of the method of connection is superfluous when a term is composed of a noun and an adjective, as in *università popolare* or *Italia meridionale*.

Using the following words, complete the sentences below with the missing adjective or noun:

elementare   macchina   telefonica   pedonale   pubblici   corso

festa   minerale   guerra   crisi   turistica   matrimoniale

1. Per telefonare devi andare in una cabina _____.

2. Il 3 ottobre, in Germania, c'è la _____ nazionale.

3. Ho comperato una nuova _____ fotografica e adesso faccio delle bellissime foto.

4. Rimini è una località _____ molto conosciuta.

5. A pranzo bevo solo acqua _____.

6. Quando ero piccola andavo a giocare ai giardini _____.

7. La seconda _____ mondiale è finita nel 1945.

8. Ho incominciato a imparare l'inglese in un _____ serale.

9. In alcuni alberghi è possibile scegliere fra il letto _____ e i due letti separati.

10. Ormai la _____ economica dura da parecchi anni.

11. Secondo me tutto il centro dovrebbe essere chiuso al traffico e

    diventare zona _____.

12. In Italia la scuola _____ dura cinque anni.

Chapter 5

Pronuncia e ortografia
Pronunciation and Spelling

1. A word has to be pronounced correctly, too.

You won't have any great difficulty; luckily, Italian is a language with few rules of pronunciation. In general, you can assume that a word is pronounced as it is spelled.

2. Stress is more important than you might think.

An incorrectly stressed word, under some circumstances, may not be understood. There's no reason to panic, however:
- Usually words are stressed on the next-to-last syllable:
  buongiorno, italiano, signora, signorina.
- If words are stressed on the last syllable, that fact is indicated by the presence of a written accent: *università, papà, così, perché.*
- Some words are accented on the third syllable from the last. After a short time, you will automatically place the stress correctly: *leggere, conoscere, scrivere.*

3. Once again, the dictionary is an importance source of help.

If you have questions about spelling, pronunciation, and stress, you can rely on a dictionary for answers to them.

5.1 La pronuncia di c e g
Pronunciation of c and g

Most rules of pronunciation can be quickly learned. A bit more practice is necessary only with the letters *c* and *g*. As you know, the letter that follows them is an important determinant of their pronunciation.

Before *e* and *i*, *c* is pronounced [ch], as in **ch**urch: *cena* and *cinema*.

Before *a*, *o*, *u*, and *h*, and before another consonant, however, *c* is pronounced [k], as in **c**at: *come, Chianti, curioso, cane*.

The pronunciation of *g* follows the same principle. Before *e* and *i*, *g* is pronounced [j], as in **j**udge: *gentile* and *pagina*.

Before *a*, *o*, *u*, and *h*, and before another consonant, however, *g* is pronounced [g], as in **g**as: *gatto, gonna, guerra, drogheria*.

How would you pronounce the following words? Put them into the appropriate column.

perché	gamba	casa	guida	traghetto	chiuso
gita	gente	chilo	chiave	cinema	ciao
giocare	funghi	cena	doccia	giusto	gusto
spaghetti	ufficio	uccello	giardino	cultura	giovane

[k] as in **c**at

perché _____ _____

_____ _____

_____ _____

[ch] as in **ch**urch

_____ _____

_____ _____

_____ _____

[g] as in **g**as

_____ _____

_____ _____

_____ _____

[j] as in ju**dg**e

_____ _____

_____ _____

_____ _____

5.2 La pronuncia di sc
Pronunciation of sc

In the pronunciation of *sc*, the same principle is involved as in the pronunciation of *g* and *c*.

Before *e* and *i*, *sc* is pronounced [sh], as in **s**ure: *scimmia, scena*.
Before *a, o, u*, and *h*, and before another consonant, *sc* is pronounced [sc], as in **sc**orpion: *scomodo, scusare, scheda, scatola*.

Now circle the words in which sc is pronounced [sh].

1. scarpa	sciarpa	scontrino	sciopero
2. asciugamano	scuola	schiuma	scuro
3. tedeschi	sci	scienza	schiena
4. pesce	pesche	ascensore	scherzo

5.3 L'accento
Stress

Correct stress can be essential to making yourself understood. If you are uncertain, reach for your dictionary. As a rule, stress is indicated there by a stress mark [.] under the vowel of the stressed syllable.

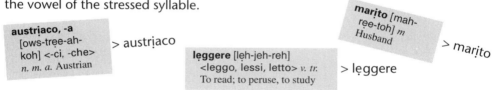

austriaco, -a [ows-tree-ah-koh] <-ci, -che> *n. m. a.* Austrian > austriaco

leggere [leh-jeh-reh] <leggo, lessi, letto> *v. tr.* To read; to peruse, to study > leggere

marito [mah-ree-toh] *m* Husband > marito

a) Where is the stress in the following words? Place a dot under the stressed vowel.

1. politica	Paolo	telefono	industria
2. maglione	spiccioli	grigio	attenzione
3. fantasia	spiaggia	storia	simpatia
4. vivere	tenere	perdere	vedere

Certain verb forms can be real stumbling blocks:
prendono, offrono, viaggiano, and *prendevano, offrivano, viaggiavano*.
You can practice the stress in those words by giving the first person singular form of each and then using the same stress for the third person plural:

prendo	I take	prendevo	I took
prendono	they take	prendevano	they took

b) Where is the stress in the following pairs of verbs? Mark the stress by placing a dot under the stressed vowel.

Presente:	offro	credo	Imperfetto:	offrivo	credevo
	offrono	credono		offrivano	credevano

Chapter 6

Parole gemellate
Word Partnerships

1. A word can't just be combined with any other word you please.

You can certainly say *bevo un caffè*, but the combination *bevo una scarpa* doesn't make any sense at all, nor does *il libro è biondo* or *un umbrello contento*. Combinations like *bere un caffè* are what we call "word partnerships."

Possible partnerships can arise from the following, for example:

– verb + noun:	*pagare il conto*	to pay the bill,
– noun + adjective:	*un libro difficile*	a difficult book,
– verb + verb:	*saper cantare*	to know how to sing.

2. A word rarely appears alone.

Very rarely will you use a word alone. Therefore, it makes sense to learn a word along with its "partners," rather than by itself. Using this method will greatly benefit your efforts to learn Italian.

3. Some word partnerships need a connecting link.

It is not enough to know which words can enter into a "partnership" with one another. You also need to know precisely how this "partnership" is created. There are "partners" that can simply be joined together, like *aprire la porta*, while others require a connecting element:

– *continuare a piovere*	to keep on raining,
– *uscire di casa*	to leave the house,
– *andare in banca*	to go to the bank.

6.1 Alcuni significati di fare, mettere e prendere

Some Meanings of fare, mettere, *and* prendere

Fare, mettere, *and* prendere are verbs whose meaning can change, depending on the word or expression with which they are combined.

Here are some possible partners for fare, mettere, and prendere. Read them through.

due milioni	sale	pena	sciopero	la firma	la patente
la segretaria	la doccia	benzina	una decisione		in ordine
il sole	in affitto	il cappotto	le pulizie	la spesa	il pieno
colazione	l'influenza	in tempo	un succo di frutta		sull'armadio

a) Now pick out the 10 words or expressions that you need in order to complete the sentences.

1. Fare il bagno a me non piace, preferisco **fare** *la doccia* .
2. La mattina **faccio** sempre una bella _____ .
3. Vorrei cambiare lavoro; non mi piace più **fare** _____ .
4. A 18 anni voglio **prendere** _____ ; così posso andare a scuola in macchina.
5. Con quei jeans tutti rotti mi **fai** proprio _____ .
6. Vorrei **prendere** _____ un appartamento a Venezia.
7. Il frigorifero è quasi vuoto; vado a **fare** _____ .
8. Io nella minestra **metto** poco _____ .
9. Guarda che fuori fa freddo; dovresti **mettere** _____ .
10. Da noi un insegnante **prende** circa _____ al mese.

b) Match the remaining words and expressions with the appropriate verb.

fare(e)	mettere	prendere
_____	_____	_____
_____	_____	_____
_____	_____	_____
_____		
_____		

6.2 Altri verbi con vari significati

Other Verbs with Various Meanings

a) Which group of words do the following verbs belong in? Match them up.

servire   chiedere   salire   perdere   avere   portare   cambiare

1. _____ i soldi / il treno / tempo

2. _____ il raffreddore / 20 anni / bisogno / fame / fretta

3. _____ la valigia / un regalo / una giacca

4. _____ le scale / in ascensore / in macchina

5. _____ i soldi / treno / idea / casa / vita

6. _____ un cliente / a qualcuno

7. _____ una birra / scusa / qualcosa

b) Other possible combinations using the verbs above appear in boldface in the following sentences. Give their infinitive form and its English equivalent.

frasi	infinito	traduzione
1. **Ho perso di vista** i compagni di scuola.	*perdere di vista*	*to lose sight of*
2. Scusa il ritardo, ma **ho perso la strada**.	_____	_____
3. 20 persone **hanno perso la vita** sulla A1.	_____	_____
4. Ugo **ha perso la testa** per una ragazzina.	_____	_____
5. Se **hai sonno**, perché non vai a letto?	_____	_____
6. Il concerto di Dalla **ha luogo** all'aperto.	_____	_____
7. **Hai idea** di quanto dura il film?	_____	_____

6.3 Verbo e sostantivo
Verb and Noun

When you learn a new noun, think about the contexts in which you would use it most frequently, and then look for the verbs that would accompany it.

In each of the following partnerships, there is one verb that can't be used. Mark the verbs that can be used with each noun.

1. ☐ a. mandare
   ☐ b. dire   gli auguri
   ☐ c. ricevere

2. ☐ a. riparare
   ☐ b. risolvere   un problema
   ☐ c. avere

3. ☐ a. studiare
   ☐ b. frequentare   una scuola
   ☐ c. finire

4. ☐ a. pagare
   ☐ b. spendere   dei soldi
   ☐ c. guadagnare

5. ☐ a. chiedere
   ☐ b. pagare   il conto
   ☐ c. comprare

6. ☐ a. accendere
   ☐ b. aprire   la luce
   ☐ c. spegnere

7. ☐ a. guidare
                      la macchina
   ☐ b. scendere

8. ☐ a. prendere
                      la cena
   ☐ b. preparare

9. ☐ a. mettere
                      la mancia
   ☐ b. lasciare

10. ☐ a. usare
                      il computer
    ☐ b. scrivere

11. ☐ a. fare
    ☐ b. dare   un favore
    ☐ c. chiedere

12. ☐ a. stare
    ☐ b. dare   un appuntamento
    ☐ c. avere

13. ☐ a. dare
    ☐ b. dire   una risposta
    ☐ c. aspettare

14. ☐ a. mettere
    ☐ b. smettere   le scarpe
    ☐ c. togliere

6.4 Verbo – preposizione – sostantivo
Verb – Preposition – Noun

A great many partnerships are possible with the verb *andare*. As for the prepositions that are used in those partnerships, it is best to memorize them. The following pointer will make it easier for you to learn them: If you use *andare* with a designation of a person, then you can safely use the preposition *da*. For example:
andare dal medico   andare dai nonni   andare dalla vicina.

a) Match the following words with the appropriate preposition.

vacanza	città	letto	cinema	stazione
dentista	banca	casa	estero	mercato
centro	ufficio	ristorante	bar	campagna
parrucchiere	montagna	teatro	ospedale	mare

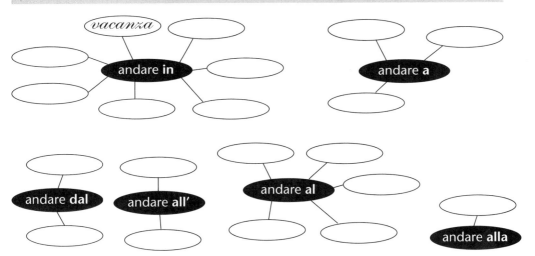

b) Complete the sentences with the following prepositions.

(a) (di) (da) (per) (in)

1. Mio figlio sta studiando ___ medico.   2. „Panorama" a me arriva ___ posta.

3. Non torno mai ___ casa prima delle 19.00.   4. Ugo è uscito ___ casa un'ora fa.

5. Io agli appuntamenti arrivo spesso ___ ritardo, mio marito invece ci arriva ___

anticipo.   6. Telefonate se non fate ___ tempo a venire!

Sostantivo e aggettivo
Noun and Adjective

Combinations of nouns and adjectives are easy to memorize, if you write down, for example, what the objects, appliances, places, drinks, people, and so forth should or should not be like, in your opinion.

Look at the drawings, and then, using two adjectives, complete each sentence.

a. lunga	1. Francesca porta una gonna ___corta___
b. corta	e _____ .
c. stretta	
d. larga	

a. sportiva	2. La macchina del signor Barocco è
b. piccola	_____ ed è _____
c. pratica	in città.
d. spaziosa	

a. utile	3. Il forno a microonde è _____
b. rotta	e _____ .
c. silenzioso	
d. rumoroso	

a. tradizionale	4. Le lasagne sono un piatto
b. sporco	_____ abbastanza
c. esotico	_____ .
d. pesante	

a. caldo	5. Il tè è _____
b. freddo	e molto _____ .
c. salato	
d. dolce	

a. noioso	6. Ho comperato uno specchio
b. antico	_____ molto
c. prezioso	_____ .
d. inutile	

6.6 Verbo – (preposizione) – verbo
Verb – (Preposition) – Verb

If two verbs are joined in a partnership, the prepositions *a* or *di* are usually involved, though sometimes no preposition at all is used. You're certain to be familiar with some of these word partnerships already. Think of these, for example:

Devo partire.   *Sai nuotare?*
*Spero **di** vedere i miei amici.*   *Ho smesso **di** fumare.*
*Continua **a** piovere.*   *Vado **a** lavorare.*

The first verb is always what determines the choice of *a*, *di*, or no preposition. When you learn a verb, it's a good idea to memorize the connecting element for a word partnership with an additional verb at the same time.

Where necessary, complete the sentences below with the prepositions $\boxed{a}$ or $\boxed{di}$.

1. Ci sono sempre più uomini che sanno _____ fare cucina e che aiutano _____ fare i lavori di casa.
2. Se tu non esci, preferisco _____ rimanere a casa anch'io.
3. Ti vengo _____ prendere verso le otto.
4. La domenica non mi piace _____ andare in centro.
5. Signora, che cosa Le posso _____ offrire?
6. I genitori mi hanno proibito _____ fumare in casa.
7. Erica ha invitato me e i miei genitori _____ passare le vacanze nella sua casa al mare.
8. Se vuoi _____ lavorare nel turismo, ti consiglio _____ imparare il tedesco.
9. Da quando ho smesso _____ lavorare tanto sto meglio.
10. Domani vado _____ trovare un mio vecchio compagno di scuola.
11. Sono tante le persone che desiderano _____ cambiar vita.
12. Luca ha proposto _____ finire la serata a casa sua.
13. Mi sono dimenticato _____ ringraziarti per i bellissimi fiori.
14. Non tutti accettano _____ fare lavori pesanti.
15. Mio cugino ha deciso _____ sposarsi.
16. Il governo ha promesso _____ diminuire la disoccupazione.
17. Finisco _____ mangiare e poi vengo.
18. Mio nonno ha cominciato _____ lavorare a 15 anni.

Chapter 7

Situazioni
Situations

1. Choosing the appropriate word and the right turn of phrase is crucial, especially in everyday speech.

How you address whom is important, for example, in a greeting, on the telephone, or in a restaurant. You need to know to whom you can say *ciao*, and when *arrivederLa* is more appropriate than *arrivederci*. Moreover, when someone wishes you *Buon appetito*, you'll surely be glad when you can respond politely by saying *Grazie altrettanto*.

2. There are situations in which a few typical sentences will take you quite a long way.

In general, it's useful to learn, along with words and expressions, some typical sentences that you can use in the appropriate situation. Here are some examples:

- *Il conto, per favore.*   The bill, please.
- *Posso lasciare un messaggio?*   May I leave a message?
- *Il pieno, per favore.*   Fill it up, please.

7.1 Salutarsi e accomiatarsi
Saying Hello and Goodbye

Whether you use the familiar pronoun for "you" or the polite one is important for your choice of words when saying hello or goodbye. Friends, for example, say *Ciao* to one another. Among acquaintances who use the polite pronoun, *arrivederci* is appropriate, while *arrivederLa* is used with persons who command respect.

a) Complete the dialogue between these two young people with the words and expressions we've supplied for your use.

(wheel: Ciao, ciao, come stai, Ciao, sto bene, Ciao, grazie, e tu)

1. *Maria:* _____ , Luca, _____ ?

2. *Luca:* _____ , Maria. Bene, _____ ?

3. *Maria:* Anch'io _____ , grazie.

   Senti, vieni anche tu da Renzo, sabato sera?

4. *Luca:* No, sabato non posso, sono a Firenze.

5. *Maria:* Ho capito. Allora _____ .

6. *Luca:* _____ .

b) The conversation between Mr. Colla and Mrs. Valli is somewhat different. Using the words and expressions given below, complete their conversation.

e Lei   arrivederci   Abbastanza   Buongiorno

Buongiorno   Non c'è male   come sta   arrivederci

1. *Sig.ra Valli:* _____ , signor Colla.

2. *Sig. Colla:* _____ , signora Valli, _____ ?

3. *Sig.ra Valli:* _____ , grazie, _____ ?

4. *Sig. Colla:* _____ bene, grazie. Ci vediamo stasera alla

   riunione?

5. *Sig.ra Valli:* No, mi dispiace, ma stasera proprio non posso venire, ho un

   biglietto per il teatro.

6. *Sig. Colla:* Buon divertimento, allora, e _____ .

7. *Sig.ra Valli:* Grazie, _____ .

7.2 Fare proposte e fissare un appuntamento
Making Suggestions and Agreeing to Meet

a) Which of the following sentences or phrases can you use to formulate a suggestion, accept it, reject it, or make a counterproposal? Enter the numbers into the boxes below.

1. Sì, volentieri.	2. Perché non ...	3. Hai/Ha voglia di ...
4. D'accordo.	5. Mi dispiace, ma ...	6. Perché no?
7. Va bene.	8. Che ne dici/dice di ...	9. Ti/Le piacerebbe ...
10. Purtroppo ...	11. Ottima idea!	12. Veramente io dovrei ...

a. Make a suggestion:

b. Accept a suggestion:

c. Reject a suggestion:

d. Make a counterproposal:

b) Do you want to know what Luca and Maria are talking about? Using these sentences, put the dialogue into the right order.

1. Domenica? Sì, perché no?
2. Hai voglia di andare al cinema venerdì sera?
3. Eh, purtroppo neanche sabato va bene. Ma senti, perché non ci andiamo domenica?
4. Facciamo alle sette a casa tua?
5. Mi dispiace, ma venerdì ho già un impegno.
6. D'accordo; allora a domenica.
7. E sabato? Sei libero sabato?

Maria: *Hai voglia*

Luca:

Maria:

Luca:

Maria:

Luca:

Maria:

Alla stazione
At the Train Station

*If you travel by train, a few typical sentences will come in handy. The ones given here have to be completed, however. Use the following information, which corresponds to the **boldface** portions of the English sentences.*

prenotare	un posto	accanto al finestrino	treni diretti
cambiare	Da quale binario	una cuccetta	vagone letto
prima classe	il supplemento	non fumatori	per Firenze
di andata e ritorno		la coincidenza	il vagone ristorante

1. You want a **roundtrip ticket** to Turin, **first class**.

Un biglietto _____ , _____ per Torino.

2. You ask whether you have to pay **a supplement**.

Bisogna pagare _____ ?

3. You would like to **reserve** two seats for **non-smokers**.

Vorrei _____ due posti per _____ .

4. You inquire whether a seat **by the window** is vacant.

C'è ancora un posto _____ _____ ?

5. You ask **from which track** the IC **to Florence** departs.

_____ parte l'IC _____ ?

6. You would like to know whether there is still **a seat** free **in the sleeping car**.

C'è ancora ·_____ in _____ ?

7. You would like **a couchette** for the 10 P.M. train to Naples.

Vorrei _____ sul treno delle 22 per Napoli.

8. You ask whether there are **direct trains** to Trento.

Ci sono _____ per Trento?

9. You would like to know where you have to **change** and at what time there is **a connection** to Trento.

Dove devo _____ ? A che ora c'è _____ per Trento?

10. You inquire whether there is **a dining car**.

C'è _____ ?

7.4 Far la spesa
Going Shopping

When stating a quantity, be sure you don't forget the preposition *di*, as in these examples:

    un chilo di mele   a kilo of apples
    una bottiglia di vino   a bottle of wine

Remember, too, that the indefinite article *un, una*, etc. is omitted with *mezzo*:

    mezzo chilo di mele   half a kilo of apples
    mezza bottiglia di vino   half a bottle of wine

a) You might have this conversation, or one very like it, when shopping. The missing parts are given in English for you to translate and fill in.

  – Desidera?
  = Dunque, vorrei _____ 2 kilos of potatoes ,
    _____ 1 kilo of tomatoes non troppo maturi, e
    _____ 1/2 kilo of onions . Ecco e poi vorrei
    anche dei _____ mushrooms .
  – Porcini, signora?
  = Sì _____ what do they cost ?
  – 7'000 all'etto, ma sono ottimi, signora, freschissimi.
  = Va bene, ne prendo _____ 300 grams .
  – Altro?
  = Sì, vorrei anche _____ some fruit .
  – Prugne, pere, uva, fichi ...
  = Ecco, mi dia _____ 1.5 kilos of grapes .
  – Basta così, signora?
  = Sì, basta così; _____ how much does it come to ?

b) You'll see here what other things might land in your shopping basket. Fill in the indications of quantity. The words given below will help you.

litro   bottiglia   pacco   pezzo   scatola   mezzo litro   vasetto   fettine

1. *un litro di*   2. _____   3. _____   4. _____
    latte   _____ olive   ____ parmigiano   _____ farina

5. _____   6. _____   7. _____   8. _____
    _____ tonno   _____ vino   _____ vitello   ____ olio d'oliva

7.5 Nel negozio di abbigliamento

In a Clothing Store

a) Three of the sentences below won't be of any use at all when you are shopping for clothing. Which ones? Cross them out.

1. Vorrei provare la giacca a quadri che è in vetrina.
2. Che taglia porta?
3. Mi sembra un po' stretta per Lei, comunque la provi pure.
4. Non mi sembra molto maturo.
5. Mi fa provare la taglia più grande?
6. Vuole vedere un altro modello?
7. Ne prendo due etti.
8. Vorrei qualcosa di più elegante.
9. Il colore Le sta molto bene.
10. Quest'anno vanno di moda i colori forti.
11. Oggi non sta molto bene.

b) It's also important to know something about the material and the pattern of garments and accessories. Can you put the following words into the correct list?

lana   pois   fiori   cuoio   quadri   lino

tinta unita   cotone   seta   pelle   righe   velluto

1. materiale	2. disegno
a. Il vestito è di *lana*	a. La gonna è a _____
di _____	a _____
di _____	a _____
di _____	a _____
di _____	a _____
di _____	
b. La cintura è di _____	

You've probably noticed that the preposition *di* is used when the material is under discussion, but the preposition *a* is used in references to the pattern or design.

69

7.6 Al ristorante

At a Restaurant

When you hear a conversation, for example, an order being placed in a restaurant, then you should make a note of the sentences and turns of phrase that could be useful to you in this situation.

a) Mr. and Mrs. Corà are in a restaurant, and they are just placing their order. Read what they and their waiter say.

Cameriere:	Hanno scelto?
Sig. Corà:	Sì, allora, come primo prendiamo gnocchi alla salvia.
Sig.ra Corà:	Ecco, io però prenderei volentieri un antipasto, che cosa mi consiglia?
Cameriere:	Mah, se Le piace il pesce, c'è il carpaccio di pesce, è una nostra specialità, o allora prosciutto e melone o anche ...
Sig.ra Corà:	No, va bene, prendo il carpaccio di pesce.
Cameriere:	Un antipasto anche per il signore?
Sig. Corà:	No, per me niente antipasto.
Cameriere:	Un antipasto, quindi. E come secondo?
Sig. Corà:	Pesce spada alla griglia per tutti e due con patate arrosto; da bere ci porti mezzo litro di Verdicchio sfuso e una bottiglia di acqua minerale non gassata.
Più tardi . . .	
Sig. Corà:	Due caffè e il conto, per favore.

b) You shouldn't have any trouble telling which of the following assertions are true and which are false.

	T	F
1. Mr. Corà orders an appetizer.	☐	☐
2. As an appetizer, Mrs. Corà orders the specialty of the house.	☐	☐
3. He wants gnocchi, and she orders grilled swordfish.	☐	☐
4. They drink a Verdicchio, available by the glass.	☐	☐
5. Mr. Corà orders carbonated mineral water.	☐	☐
6. Finally, Mr. Corà asks for two cups of espresso and the bill.	☐	☐

7.7 Chiedere la strada
Asking for Directions

a) Using a description of the route, can you find the right way? Read the two passages, and then match them with the appropriate drawing.

1. Bisogna prendere la prima strada a sinistra e andare sempre dritto fino al semaforo. Lì si gira a destra e si continua dritto fino al ponte; via Puccini è a destra, prima del ponte.

2. Allora, Lei va dritto fino all'incrocio, lì gira a destra e va sempre dritto, attraversa il ponte e subito dopo il ponte gira a sinistra. Il Museo d'Arte Contemporanea è subito lì.

a. ☐

b. ☐
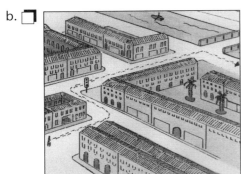

c. ☐
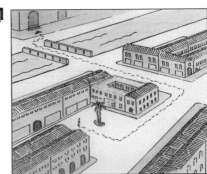

b) What would the third description be like? Using the remaining drawing and the two other descriptions as a guide, fill in the blanks below.

Allora, Lei gira subito _____ e _____

_____ all'incrocio; lì _____ e continua sempre

_____ , attraversa _____ e _____ il ponte gira

_____ . La chiesa Santa Maria Novella è lì.

7.8 Prenotare una camera d'albergo
Reserving a Hotel Room

a) Using the sentences provided, complete the telephone conversation.

1. Con doccia. Ah, e poi la camera dovrebbe essere tranquilla.
2. Va bene. Ha bisogno di una conferma scritta?
3. Buongiorno. Ecco, vorrei prenotare una camera doppia dal 21 al 26 settembre.
4. Beh, veramente volevo solo la camera.
5. Benissimo. E qual è il prezzo della camera?
6. Corà.
7. No, Le mando un fax.

Receptionist: Hotel Jolly Diodoro, buongiorno.
Sig. Corà: ☐
Receptionist: Un momento, prego ... Ecco, sì, la vuole con doccia o con bagno?
Sig. Corà: ☐
Receptionist: Le possiamo dare una camera che dà sul cortile, sarà certamente tranquilla.
Sig. Corà: ☐
Receptionist: Con mezza pensione o con pensione completa?
Sig. Corà: ☐
Receptionist: Allora sono 230'000 lire compresa la prima colazione.
Sig. Corà: ☐
Receptionist: Sì, o se preferisce può indicarmi il numero della carta di credito.
Sig. Corà: ☐
Receptionist: D'accordo. E la prenotazione va a quale nome?
Sig. Corà: ☐

b) Mr. Corà is sending a fax. If you can put the following fragments together correctly, you'll learn what it says.

con doccia   di una   Confermo   al 26   settembre

la prenotazione   ~~Gentili Signori~~   camera doppia   dal 21

FAX

Da: Prof. Matteo Corà
    Fax: 6929563
A: Hotel Jolly Diodoro
    Fax: 23391   Perugia, 01/09/19..
Gentili Signori,

_____

_____

_____

Distinti saluti
Matteo Corà

7.9 Alla ricezione dell'albergo
At the Hotel Reception Desk

a) *Match the hotel guest's questions with the receptionist's answers. Write the correct letters in the boxes below.*

1. Buonasera, avete una camera singola per due notti?
2. È possibile fare colazione in camera?
3. C'è l'ascensore?
4. A che ora è la prima colazione?
5. Senta, mi potrebbe far venire una bottiglia d'acqua minerale in camera?
6. Mi potrebbe dare la sveglia, domani mattina?
7. Scusi, ho parcheggiato la macchina davanti all'albergo, disturba?

a. Certo, e a che ora?
b. Dalle 7.30 alle 10.00.
c. Mi dispiace, ci rimangono solo camere doppie?
d. No, comunque se vuole la può mettere nel cortile, è più sicura.
e. Ma certo, basta telefonare.
f. Guardi che la camera ha il frigobar!
g. Sì, lì in fondo a destra.

1.	2.	3.	4.	5.	6.	7.

b) *How would you answer the following questions? Mark the possible answers.*

☐ a. Ho il supplemento rapido, eccolo.
☐ b. Ho la carta d'identità, eccola.
☐ c. Ho il passaporto, eccolo.
☐ d. Ho la carta di credito, eccola.
☐ e. Ho un assegno, eccolo.
☐ f. Ho la patente, eccola.

Ha un documento, per favore?

7.10 Reclami, furti, guasti ...

Complaints, Thefts, Breakdowns ...

Even if something goes wrong, there's no need for you to be left speechless. Can you tell which Italian sentence matches which English description of a situation? Write the letters in the boxes at the bottom of the page.

1. There's no toilet paper in the bathroom.
2. Last night you were freezing in your bed, and for that reason you'd like an extra blanket.
3. You asked for a quiet room, but now you hear the elevator.
4. You've been sitting in the restaurant for half an hour, but no one has taken your order yet.
5. The wine tastes like cork.
6. The waiter put too many drinks on your bill.
7. Your car, with all your luggage, has been stolen.
8. You left your camera in a store, and now you're asking about it.
9. You're standing in line and someone tries to cut in.
10. Your eyeglass frames are broken, and you want to have them repaired.
11. Your car stopped because you're out of gas.
12. Someone has taken your seat.

a. Siamo rimasti senza benzina.

b. Avete trovato una macchina fotografica? L'ho dimenticata qui.

c. Senta, è da mezz'ora che aspettiamo di poter fare l'ordinazione.

d. Mi hanno rubato la macchina con tutti i bagagli dentro.

e. Veramente c'ero prima io.

f. Senta, questa notte a letto ho avuto freddo; potrei avere un'altra coperta, per favore?

g. Mi dispiace, ma il vino sa di tappo.

h. Ho rotto la montatura degli occhiali; è possibile ripararla?

i. Senta, qui ci deve essere un errore: abbiamo preso solo mezza bottiglia di acqua minerale e mezzo litro di rosso.

j. Senta, io ho chiesto una camera tranquilla, nella mia camera, però, si sente l'ascensore.

k. Scusi, questo è il mio posto.

l. Guardi che in bagno manca la carta igienica.

1.	2.	3.	4.	5.	6.	7.	8.	9.	10.	11.	12.

Brevi frasi per l'uso quotidiano
Short Sentences for Daily Use

When would you use the following sentences? Complete the dialogues.

a. Grazie altrettanto.
b. Prego.
c. Sì, e controlli anche la pressione delle gomme, per favore.
d. Ma non è grave.

e. Piacere.
f. Alla tua!
g. Mi dispiace, ma non fumo.
h. No grazie, non si disturbi!

1._____

2._____

3._____

4._____

5._____

6._____

7._____

8._____

7.12 Dal medico
At the Doctor's Office

If you want to say that something hurts, you usually can choose between *ho mal di
…* and *mi fa/fanno male…*, as in these examples:

Ho mal di stomaco.   My stomach hurts.
Mi fa male lo stomaco.   I have a stomachache.
Mi fanno male le gambe. My legs hurt.

**a) If you write the words given below in the correct blanks, you'll know how you
can describe your discomfort to an Italian doctor.**

pancia   schiena   tosse   gola   occhi   testa   piedi   febbre

Allora, qual è il problema?

1. Ho mal di _____

2. Ho la _____

3. Ho mal di _____

4. Ho la _____

5. Mi fanno male i _____

6. Ho mal di _____

7. Mi bruciano gli _____

8. Mi fa male la _____

**b) We've written down a few of the doctor's instructions for you here. Match the
Italian sentences with their English equivalents.**

1. Apra la bocca.	a. Take a deep breath!	1.
2. Si spogli.	b. Stop smoking!	2.
3. Respiri profondamente.	c. Cough!	3.
4. Tossisca.	d. Take this syrup after meals!	4.
5. Prenda queste pastiglie.		5.
6. Smetta di fumare.	e. Get undressed!	6.
7. Dopo i pasti prenda questo sciroppo.	f. Stick out your tongue!	7.
	g. Open your mouth!	8.
8. Mi faccia vedere la lingua.	h. Take these tablets!	

7.13 Telefonare
Using the Telephone

These sentences may come in handy when you make a phone call. Three of them belong in the dialogue that follows below. But which ones? Write them in the blanks provided.

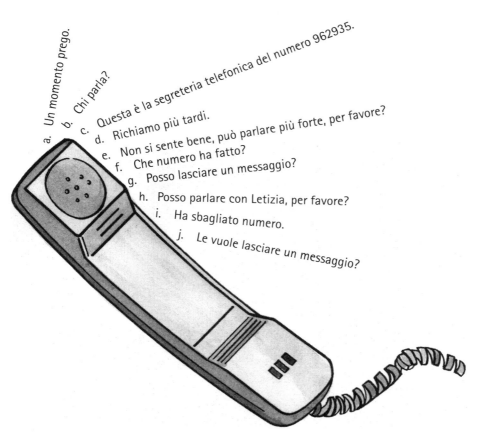

a. Un momento prego.

b. Chi parla?

c. Questa è la segreteria telefonica del numero 962935.

d. Richiamo più tardi.

e. Non si sente bene, può parlare più forte, per favore?

f. Che numero ha fatto?

g. Posso lasciare un messaggio?

h. Posso parlare con Letizia, per favore?

i. Ha sbagliato numero.

j. Le vuole lasciare un messaggio?

– Pronto?

= Buongiorno. Sono la signora Valli. _____ ?

– Purtroppo non è in casa, torna fra un'ora circa. _____

_____ ?

= No, no, grazie, non fa niente. _____ .

Chapter 8

Grammatica
Grammar

1. Grammar doesn't have to be boring.

Grammar will be simpler, more interesting, and easier to memorize if, instead of just learning rules by heart, you also learn examples that you think illustrate those rules especially well. Collect as many examples as possible dealing with a certain grammatical topic, commit them to memory, and fall back on them when the need arises. Incidentally, this method has an additional benefit: as you collect, you are practicing at the same time.

2. Grammar also has a lot to do with words.

True, grammar has a lot to do with rules, but those rules deal with words. Think, for example, of plural forms, prepositions, adverbs, and adjectives. Besides, grammar also tells us which words go together and in what form. Therefore, you need to collect words and word combinations that fit into grammatical categories, like these:

– irregular nouns: *il problema, il telegramma, il collega;*
– article and noun: *lo zio, lo studente, lo spagnolo;*
– verb and adverb: *sto bene, parla lentamente;*
– preposition and noun: *dal medico, dal dentista, dal direttore.*

8.1 Articolo e sostantivo
Article and Noun

When you learn a new noun, it's a good idea to learn the article along with it. Keep this in mind:
- *l'* is used when a masculine or feminine noun begins with *a, e, i, o,* or *u,* for example: *l'espresso* and *l'amica.*
- *lo* is used with a masculine noun that is singular in number and begins with *z* or *s + a consonant,* for example: *lo zio, lo studente,* and *lo spagnolo.*
- *gli* is used with plural masculine nouns that use the article *lo* or *l'* in the singular. For example: *gli zii, gli studenti,* and *gli espressi.*

a) Complete the list on the left with il, lo, l', and la; in the list on the right, use i, gli, and le.

A. ☺ A me piace ...	B. ☺ Mi piacciono anche ...
1. *la* frutta, 2. _____ pesce,	1. *le* lasagne, 2. _____ spaghetti,
3. _____ Italia, 4. _____ Francia,	3. _____ animali, 4. _____ film ame-
5. _____ Spagna, 6. _____ Portogallo,	ricani, 5. _____ spagnole, 6. _____
7. _____ spagnolo, 8. _____ inglese,	gonne lunghe, 7. _____ pantaloni,
9. _____ inverno, 10. _____ autunno,	8. _____ libri facili, 9. _____ persone
11. _____ opera italiana,	gentili, 10. _____ viaggi all'estero.
12. _____ sport e _____ notte.	

When using an indefinite article with a noun, it is easier to find the appropriate article form, since the only available choices are *un, uno, una,* and *un'.* Keep the following in mind:
- *un'* is used with feminine nouns that begin with *a, e, i, o,* or *u,* as do these examples: *un' italiana, un' ora,* and *un' estate,*
- *uno* is used with singular masculine nouns that begin with *z* or *s + a consonant,* as do these examples: *uno zio, uno spagnolo,* and *uno studente.*

b) Fill in the blanks with un, uno, una, *and* un':

1. A colazione prendo volentieri _____ uovo, _____ fetta di pane e _____ caffè.
2. A pranzo mangio quasi sempre _____ piatto di pasta e _____ bella porzione di verdura. 3. La sera mangio poco, _____ insalata e basta. 4. Qualche volta finisco con _____ dessert: _____ macedonia, per esempio, _____ pezzo di dolce o _____ zabaione.

8.2 Sostantivo e aggettivo
Noun and Adjective

As you already know, there are adjectives, like *bello,* that end in – *o,* while others, like *grande,* end in – *e.* And this is how these adjectives look in combination with masculine and feminine nouns:

un giardin**o** grand**e** e bell**o**	una cas**a** grand**e** e bell**a**
un balcon**e** grand**e** e bell**o**	una pension**e** grand**e** e bell**a**
due balcon**i** grand**i** e bell**i**	due pension**i** grand**i** e bell**i**

Which adjectives can you use to complete these sentences? In each case, there are two correct adjectives. Keep an eye on the endings; they'll lead you to the correct answers!

1. Ho un appartamento	☐ a. grande. ☐ b. luminoso. ☐ c. tranquille.
2. La mia vicina è	☐ a. sportive. ☐ b. carina. ☐ c. gentile.
3. Ho visto un film	☐ a. americano. ☐ b. interessanti. ☐ c. triste.
4. Mi piacciono le canzoni	☐ a. italiani. ☐ b. francesi. ☐ c. americane.
5. Ho un lavoro	☐ a. duro. ☐ b. noiose. ☐ c. difficile.
6. I miei genitori sono	☐ a. giovane. ☐ b. attivi. ☐ c. simpatici.
7. Vorrei abitare in un paese	☐ a. lontano. ☐ b. straniere. ☐ c. caldo.
8. Ho alcune amiche	☐ a. straniere. ☐ b. giovani. ☐ c. inglese.
9. Ho un'amica	☐ a. alte. ☐ b. francese. ☐ c. bionda.
10. Le mele sono	☐ a. mature. ☐ b. belli. ☐ c. verdi.

8.3 Aggettivo o avverbio?
Adjective or Adverb?

Is it really so important to know whether a word is an adjective or an adverb? Yes, it is important, especially when the adverb is clearly recognizable as such. That includes all the adverbs that end in – *mente*, like *facilmente*, *perfettamente*, and *direttamente*, as well as *bene* and *male*.

In the following sentences, decide when to use the adjective and when to use the adverb.

1. perfetto / perfettamente
   a. Luca parla *perfettamente* lo spagnolo.
   b. Il francese di Andrea è quasi *perfetto* .

2. buona / bene
   a. Se volete mangiar _____ dovete andare "Da Mario".
   b. Il ristorante è caro, però la cucina è proprio _____ .

3. facile / facilmente
   a. Non è _____ imparare il tedesco.
   b. Chi sta in Germania un po' di tempo lo impara più
   _____ .

4. sicuro / sicuramente
   a. Sono _____ di non poter venire domani.
   b. Ugo arriva _____ in ritardo.

5. normale / normalmente
   a. _____ mi alzo alle sei e mezza.
   b. Luca è un tipo _____ come tanti altri.

6. raro / raramente
   a. Ho visto un uccello molto _____ .
   b. Purtroppo vado _____ in Italia.

7. naturale / naturalmente
   a. Quando Erica parla con me non è mai _____ .
   b. La sveglia non ha suonato e _____ io
   non mi sono svegliato.

8. diretto / direttamente
   a. Questa strada porta _____ alla stazione.
   b. C'è un treno _____ per Genova?

9. lento / lentamente
   a. Potrebbe parlare più _____ , per favore?
   b. Il mio computer è vecchio e _____ .

8.4 Le parole: molto, tanto, poco, troppo

The Words molto, tanto, poco, *and* troppo

They're short, these little words, but they are important to learn, because they change or remain the same, depending on the word with which they are combined. You probably know that *molto, poco, tanto,* and *troppo* change when they precede a noun. Thus we say *mangio molto, bevo poco,* and *sono tanto contenta,* but *mangio molta frutta, pochi dolci, troppa panna.*

And which form of the word provided should be used to complete the following sentences?

poco

1. A casa mia ci sono *pochi* mobili.

2. A pranzo ho mangiato _____ .

3. Al cinema c'era _____ gente.

4. Sono uscita con _____ soldi.

molto

5. Mio padre ha _____ libri; leggere gli piace _____ .

6. La signora Carli è _____ gentile.

7. Io conosco _____ persone simpatiche.

8. Come segretaria non si guadagna _____ .

tanto

9. Stasera non ho _____ voglia di uscire.

10. Sono _____ stanca! Ho _____ bisogno di riposo,

    ma fino alle vacanze ci sono ancora _____ giorni!

troppo

11. Mio marito lavora _____ , ha _____ impegni e

    _____ cose da fare!

12. Spesso la sera sono _____ stanca per guardare la TV.

13. Parli _____ piano, non si capisce niente.

8.5 Verbi al presente
Verbs in the Present Tense

Can you remember all the verb forms in Italian with equal ease? Write down the verbs you find it hard to remember in your vocabulary notebook, and fix them in your memory by making them part of a short sentence: *Mio figlio **deve** andare dal dentista.*

Would you like to get to know the Valli family? Then fill in the blanks with the verbs provided, using the appropriate present tense form of each.

1. Questi ___*sono*___ i Valli. 2. Lui _____ napoletano, lei
   essere   essere

genovese. 3. Da alcuni anni _____ e _____ a
                              abitare   lavorare

Torino. 4. _____ due bambine, Emma e Luisa. 5. Emma
            avere

_____ 8 anni e _____ a scuola. 6. Le _____ molto
 avere   andare   piacere

andare a scuola; _____ che da grande
                    dire

_____ fare la maestra. 7. Luisa invece _____
 volere   essere

piccola e _____ ancora all'asilo.
            andare

8. Il signor e la signora Valli_____ di casa
                                 uscire

la mattina e _____ verso sera.
               tornare

9. Durante il giorno le bambine _____ con la
                                  stare

nonna. 10. Emma e Luisa _____ molto bene
                           volere

alla nonna, perché con lei _____ tante cose
                             fare

e quando la nonna _____ con loro anche a
                     rimanere

cena, le due bambine _____ felici. 11. Di solito,
                        essere

però, la nonna non_____ con loro, _____tornare a casa sua e riposarsi.
                    cenare   preferire

12. I Valli _____ anche un gatto. 13. _____ Gervaso.
             avere   chiamarsi

83

8.6 Verbi al passato prossimo
Verbs in the Perfect Tense

a) Have you finished Exercise 8.5? Then you already know who the Vallis are. Now read what they did last weekend, and then use the following verb forms to fill in the blanks below.

A. ha preso   sono state   è andato   è andata

1. Sabato mattina il signor Valli _____ la macchina ed _____

a fare la spesa. 2. La signora Valli invece _____ dal parrucchiere ed

Emma e Luisa _____ a scuola tutta la mattina.

B. si è riposata   sono andati   è uscita   hanno guardato   è rimasto

1. Sabato pomeriggio tutta la famiglia _____ un po', poi la signora

Valli _____ a fare acquisti e il signor Valli _____ a casa con le

figlie. 2. La sera _____ un po' la televisione e verso le 10 _____

_____ tutti a letto.

C. hanno giocato   sono partiti   si sono divertite   hanno fatto   hanno giocato

hanno preso   hanno letto   hanno fatto   sono andati   È stata   si sono alzati

1. Domenica mattina _____ presto, _____

colazione, _____ a prendere la nonna e tutti insieme _____

per il mare. 2. _____ una giornata meravigliosa. 3. Le

bambine _____ molto, _____ con altri

bambini e _____ il bagno. 4. Gli adulti _____

il sole, _____ e _____ a badminton.

b) To which part of the weekend do these pictures belong? Match the three drawings with A, B, or C above.

Drawing 1 ☐   Drawing 2 ☐   Drawing 3 ☐

Passato prossimo o imperfetto?
Perfect or Imperfect?

Perfect or imperfect? In Italian, that's often the question. That's why you need to memorize some typical sentences as examples, and refer to them whenever the troublesome question raises its head.

The imperfect is used, for example, to describe a condition or a situation. An action, on the other hand, requires the perfect. Here are two examples:

– *Avevo 30 anni quando è scoppiata la seconda guerra mondiale.*
   I was 30 years old when World War II started.
– *Ieri sono andato a letto presto perché ero molto stanco.*
   Yesterday I went to bed early, because I was very tired.

If you would like to know what Saverio did and why he did it, you'll have to complete these sentences, using the phrases provided in the box below.

1. Pioveva *e allora non è uscito.*

2. Ha messo la cravatta _____

3. Ha incominciato a fumare _____

4. I suoi vecchi jeans erano tutti rotti _____

5. Siccome faceva bel tempo _____

6. Non poteva dormire _____

7. Non ha aspettato sua moglie _____

8. Ha preso un'aspirina _____

9. Siccome sua moglie era malata _____

10. Ha deciso di seguire un corso di tedesco _____

---

a. perché doveva andare in Germania.

b. perché aveva mal di testa.

c. ha preso la macchina ed è andato al mare.

d. e allora si è alzato.

e. si è occupato lui della casa.

f. e allora non è uscito.

g. perché era nervoso.

h. perché era già tardi.

i. e allora ne ha comperato un nuovo paio.

j. perché aveva un appuntamento importante.

8.8 Preposizioni

Prepositions

The little words *a, da, di, in,* and *su* are real quick-change artists: depending on the word they precede, they change or stay the same. There are a great many forms that result from combination with the definite article. For the preposition *da*, for example, the combined forms are *dal, dall', dallo, dalla, dai, dagli,* and *dalle.*

a) What is the appropriate form of a, da, di, su, in?

1. **A**	Questa strada porta ... _alla_ stazione, _____ zoo, _____ mare, _____ Padova, _____ aeroporto.

2. **DA**	I bambini sono ... _____ nonni, _____ Erica, _____ vicina, _____ zii, _____ padre.

3. **DI**	Hanno ritrovato il cane ... _____ Eva, _____ tuo amico, _____ mia amica, _____ zio, _____ vicini.

4. **SU**	Il gatto si è messo ... _____ letto, _____ sedia, _____ vestiti, _____ armadio, _____ camicie.

5. **IN**	C'è troppo sale ... _____ insalata, _____ minestra, _____ spinaci, _____ succo di pomodoro.

b) Now you need to know when to use the prepositions given. Write them in the blanks without making any changes.

con   di   in   a   al   per   di   senza   in   di

1. Il prossimo autobus _____ Viareggio parte tra un quarto d'ora.

2. Il nostro insegnante è _____ Torino; adesso sta _____ Milano.

3. Mi piacerebbe vivere un po' di tempo _____ Francia.

4. Un bicchiere _____ vino, un succo _____ frutta e due panini _____ salame, per favore.

5. L'ENIT è _____ via Mazzini.

6. Signora, prende il caffè _____ o _____ zucchero?

86

Indicazioni di luogo
Statements of Place

*Two sentences don't go with the drawing. Which ones? To find the answer, you have to understand the indications of place in **boldface** below. First, examine the drawing, and then compare the statements with the contents of the picture. Below, write the numbers of the sentences that don't fit the drawing.*

1. **In mezzo alla** stanza c'è un grande tavolo.
2. **Tra la** finestra e la libreria c'è un albero di Natale.
3. **Intorno all'**albero ci sono tanti regali.
4. **Sul** caminetto c'è un vaso.
5. **Sopra il** caminetto c'è un bel poster.
6. **Dietro la** porta si vede un bambino.
7. La madre e Laura sono sedute **davanti al** televisore.
8. E poi ci sono anche due gatti e un cane. Uno dei due gatti si è messo **sotto il** tavolo.
9. L'altro è salito **sulla** libreria.
10. Il cane invece si è messo **accanto al** divano.

The following sentences don't belong here: ☐ ☐

8.10 Congiungere due frasi
Connecting Two Sentences

When you eat a roll because you're hungry, you can say:
Mangio un panino. Ho fame. The meaning is clearer, however, if you make the two sentences into one. In this case, you use *perché*.
Mangio un panino perché ho fame.
Other words that you can use to connect sentences appear in **boldface** in the following exercise.

Here, all you need to do is to put together two suitable halves of sentences to make meaningful complete sentences.

1. <u>Vado a letto presto</u>	a. **se** hai la febbre?
2. **Siccome** mio marito non è stanco,	b. **perché** devo alzarmi presto.
	c. **e allora** legge ancora un po'.
3. Ho la febbre,	d. non va ancora a letto.
4. Non rinuncio mai al dessert,	e. **ma** vado lo stesso a lavorare.
5. Mio marito non è stanco	f. **oppure** peferisci rimanere a casa?
6. Perché non rimani a letto	g. **anche se** so che poi ingrasso.
7. Vieni con noi	

1. *Vado a letto presto* _____

2. _____

3. _____

4. _____

5. _____

6. _____

7. _____

Gli interrogativi

Interrogative Pronouns

Which of the following words and expressions do you need to complete the questions below?

Con chi   *Dove*   Che cosa   *Quanti*   A chi   *Quando*

Qual è   Chi   Quale   Quanto   Perché   Come

1. – _____ è il signore con la giacca marrone?
= Il padre di Gaetano.

2. – _____ hai telefonato?
= A Giovanni.

3. – _____ giorni pensi di stare a Milano?
= Pochi, tre o quattro.

4. – _____ abiti?
= In via Madama Cristina.

5. – _____ vestito mi metto? Quello nero?
= Sì, quello nero va bene.

6. – _____ fate?
= Stiamo giocando a carte.

7. – _____ si chiama la tua amica?
= Graziella.

8. – _____ partite per Parigi?
= Domenica prossima.

9. – _____ sei andato in discoteca?
= Con Ugo e Ilaria.

10. – _____ costa la camicetta di seta?
= 180'000 lire.

11. – _____ Franco non è venuto ?
= Perché non si sente molto bene.

12. – _____ il tuo ombrello?
= Quello rosso.

8.12 Pronomi diretti e indiretti, ci e ne

Direct and Indirect Pronouns, ci *and* ne

a) If you know which words lo, la, li, le, gli, ci, *and* ne *can replace, then you also know which of the persons or things depicted here is being referred to in each of the sentences below. Match the pictures with the sentences.*

a.  b. 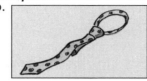 c.

d. 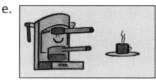 e.  f.

g.   h.

☐ 1. Di solito la gente non **li** mette volentieri.
☐ 2. Gli uomini **la** mettono quando devono essere eleganti.
☐ 3. **Lo** leggo tutte le mattine.
☐ 4. **Ne** bevo almeno quattro al giorno.
☐ 5. Tanta gente **ci** va solo a Natale e a Pasqua.
☐ 6. **Le** metto soprattutto quando vado a teatro.
☐ 7. **Gli** telefono quando sono ammalata.
☐ 8. **Le** ho mandato gli auguri di buon anno.

b) Here we focus on the words ti, vi, Le, La, mi, *and* ci. *They are extremely important when you are addressing someone or answering someone. Use them to complete these short dialogues.*

1. – Signor Valli, a che ora _____ posso telefonare domani?

   = Mah, _____ telefoni all'ora di pranzo.

2. – Signora, _____ ringrazio per il regalo, ha avuto un'ottima idea!

   = Ah, sono contenta se _____ piace.

3. – Allora ragazzi, che cosa _____ offro?

   = _____ puoi portare una coca-cola o anche dell'acqua e basta.

4. – Stefano, ma è vero che _____ piacciono i jeans rotti?

   = Certo che _____ piacciono!

8.13 I possessivi
Possessive Adjectives

Possessive adjectives are easier than you think. Just remember this:
- Possessive adjectives are used with the definite article, and they change, depending on the word to which they refer. For example: *il mio libro, la mia casa, i miei vestiti, le mie fotografie.*
- The definite article is omitted with designations of kinship in the singular. Thus we say *mio zio* and *mia zia,* but the plural is *i miei zii, le mie zie.*

a) Put the possessive adjectives given below in front of the nouns. You also need to decide whether the definite article is required or not.

| 1. mio | *il mio* _____ragazzo | _____ fratello | _____ amiche |
| | _____genitori | _____ colleghi | _____ sorelle |

| 2. tuo | _____amico | _____ padre | _____ nonni |
| | _____colleghe | _____ madre | _____ macchina |

| 3. nostro | _____casa | _____ figlia | _____ parenti |
| | _____vacanze | _____ amici | _____ cane |

| 4. vostro | _____figli | _____ vicini | _____ padre |
| | _____camera | _____ tavolo | _____ mobili |

In contrast to the other possessive adjectives, *loro* never changes and is always used with the definite article. Here are a few examples:
la loro casa, il loro nonno, i loro cugini, le loro figlie.

b) Which forms of suo or loro do you need to complete the following descriptions?

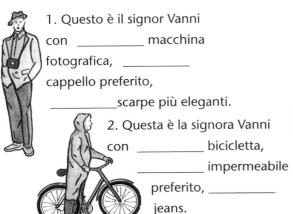

1. Questo è il signor Vanni con _____ macchina fotografica, _____ cappello preferito, _____scarpe più eleganti.

2. Questa è la signora Vanni con _____ bicicletta, _____ impermeabile preferito, _____ jeans.

3. Ed ecco _____ gatto e _____ figli.

8.14 La negazione
Negation

As you probably know, in Italian negations are formed with *non* or with *non…
più/mai/nessuno/niente/neanche*. Remember that *non* precedes the conjugated verb
or the pronoun + conjugated verb.
Here are a few sample sentences:

*Erica **non** fuma.*	Erica doesn't smoke.
*Stasera **non** vogliamo uscire.*	This evening we don't want to go out.
*Perché **non** lo aiuti?*	Why don't you help him?
***Non** vedo niente.*	I see nothing./I don't see anything.

***If you put the words or phrases in the correct order, you may find one or two
sentences that you can use as well.***

1. giovane Non tanto sono più

    _____

2. di uscire più Non tutte le sere voglia ho

    _____

3. piacciono I film non mi tristi

    _____

4. sto male neanche mia moglie non Quando nessuno voglio vedere

    _____

    _____

5. più carne mangio Non

    _____

6. vino A pranzo mai bevo non

    _____

7. niente mangio Tra i pasti non

    _____

8. La domenica mattina a letto assolutamente e non niente faccio sto

    _____

    _____

8.15 La comparazione
Comparison

a) Complete the comparisons with più *or* meno.

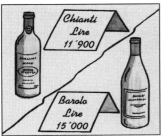

1. Il Chianti è _____ caro del Barolo.

2. Chiara è _____ carina di Laura.

3. Il Portogallo è _____ grande della Spagna.

4. La bicicletta è _____ veloce dell'aereo.

5. Lo sci è certamente _____ pericoloso del golf.

6. Silvia è _____ sportiva di Valeria.

b) Which of these three gentlemen is being described? Read the sentences through, and then fill in the appropriate names.

Cognome: *Carpi*	Cognome: *Gatti*	Cognome: *Varon*
Nome: *Ugo*	Nome: *Enzo*	Nome: *Marcello*
Data di nascita: *18/12/1938*	Data di nascita: *14/2/1932*	Data di nascita: *30/5/1924*
Altezza: *1,82 m*	Altezza: *1,73 m*	Altezza: *1,76 m*
Peso: *80 kg*	Peso: *95 kg*	Peso: *71 kg*

a. È il più alto dei tre. _____

b. È il meno pesante di tutti. _____

c. È il più pesante e il meno alto. _____

d. È il meno anziano dei tre. _____

e. È il più anziano. _____

93

Chapter 9

Giochi

Games

1. Enjoy learning Italian as you play games.

The more fun and enjoyment you have as you study, the better and faster you will learn Italian. Games in and involving the target language are extremely well suited for deepening your knowledge of Italian in an entertaining way.

2. Games you can make up yourself.

You'll learn quite a lot by solving a crossword puzzle or looking for words in a letter square. You'll learn even more, however, if you create a crossword puzzle yourself – using the words from one of these lessons, for example – or put together a square of letters using certain verb forms and then give it to someone to work – oops! – to play with. Searching for word pairs and word series like *due – tue* or *sue – due – tue – tre* is extremely beneficial for your Italian. It can be so compelling that you will have a hard time stopping. So, what are you waiting for? Let's play games in Italian.

9.1 Chi cerca, trova

Seek and You Will Find

Participles, too, have to be practiced, especially irregular participles. Incidentally, remember that many verbs that end in *– ere* have an irregular participle, like *chiudere* > *chiuso*.

The participles of the verbs below are concealed in this square, from right to left and from top to bottom. Draw a circle around them. And enjoy the search!

chiudere	aprire	nascere	succedere	essere
mettere	chiedere	venire	prendere	fare
scrivere	dire	vedere	leggere	vendere
perdere	scendere	accendere	avere	morire

V	S	A	V	U	T	O	V	E	D	Z
E	C	H	I	U	S	O	E	N	E	M
N	R	I	S	O	N	U	N	A	T	O
D	I	S	T	A	T	O	U	C	T	R
U	T	T	O	P	P	A	T	H	O	T
T	T	P	R	E	S	O	O	I	T	O
O	O	P	E	R	S	O	S	E	M	V
R	F	A	T	T	O	M	E	S	S	O
S	C	E	S	O	I	L	E	T	T	O
E	S	U	C	C	E	S	S	O	M	R
M	I	D	V	A	C	C	E	S	O	F

9.2 Parole crociate
Crossword Puzzle

a) Across: The words in *boldface* are imperatives. The familiar form is used for the person being addressed. Can you change the imperatives to the polite form? Write the forms in the blanks on the next page.

9. **Stai** attento a non svegliare il bambino!
10. Posso aprire la finestra? – Certo, **fai** pure!
11. **Leggi** quest'articolo, è molto interessante.
12. **Senti**, a che ora incomincia il film?
13. Potresti aiutarmi a mettere in ordine la stanza? – No **guarda**, adesso proprio non posso, sto uscendo.
14. A che ora devo venire a prenderti? – Ma, non so, **vieni** verso le sette.
15. Ti prego, **sii** gentile con Emma, è la mia amica.
19. **Aspetta**, per favore!
20. Non so se invitare anche Massimo. – Ma certo, **invita** anche lui.
22. Posso dirti una cosa? – Certo, **di'** pure!
25. **Abbi** pazienza, è ancora un bambino!
26. Per le fotocopie **chiedi** alla segretaria.
30. Non sto molto bene oggi; **vai** tu a fare la spesa, per favore.
31. **Scusa**, è tua questa borsa?
32. Se hai mal di stomaco, **prendi** queste pastiglie.
33. **Lascia** pure, lavo io i piatti.
35. **Decidi** tu se andare in vacanza con o senza i tuoi genitori.

b) Down: In these imperatives, shown here in *boldface*, the polite form is used. Can you change them to the familiar form? Write the forms in the blanks on the next page.

Remember that the direct and indirect object pronouns are attached to the familiar form.
For example: *Credimi!*   Believe me!

1. Che cosa si regala a un collega che va in pensione? – **Gli regali** un bel libro.
2. Dove va il vino? – **Lo porti** in cantina.
3. **Tenga** pure il resto!
4. Non è un po' stretta questa giacca? – Con un maglione sotto forse sì; **la provi** senza maglione.
5. **Cerchi** di rispondere subito alla lettera.
6. **Salga** prima Lei in macchina.
7. Ho un biglietto per „La Traviata". A me non interessa, **ci vada** Lei, so che a Lei piace l'opera.
8. **Mi dia** due etti di prosciutto cotto, per favore.
16. Se ci sono problemi con il computer **lo dica** alla signora Boni.
17. **Mi faccia** il favore di non fumare in questa stanza!
18. Prego, **si serva**!
21. A chi devo dare il pacco? – **Lo dia** alla segretaria.
23. Se vede il signor Binosi **gli dica** di telefonarmi domani mattina.
24. **Mandi** un fax, è più veloce.
27. Le chiavi **le dia** ai vicini.
28. Prego, **si accomodi**!
29. **Mi saluti** Sua moglie!
34. Se ha bisogno di aiuto, **mi chiami**.

9.3 Il metagramma
Metagram

There are words that differ by only a single letter. If you find the letter that can be changed, it is possible to form word pairs like *due – tue* or even word series like *sue – due – tue – tre.* The essentials are an ability to guess and a dictionary for checking your guesses.

a) Let's begin with word pairs. Which word can you form by replacing one letter? Once you have found a word, you can immediately use it to complete the sentence that accompanies it.

1.   cucina

La figlia della sorella di mia madre è mia *cugina*.   *cugina*

2.   forse

Il caffè italiano è _____   _____

3.   marco

Non sappiamo se partire in febbraio o in _____   _____

4.   donna

Questa _____ è un po' stretta.   _____

5.   panna

Hai una _____ ; devo scrivere qualcosa.   _____

6.   cane

Con il formaggio bisogna mangiare del _____   _____

7.   chiamo

In estate, alle otto, è ancora _____   _____

8.   bello

Quando _____ il rock dimentico tutto.   _____

b) Now you're ready to take on the word series, proceeding along the same lines explained in a).

1. Perché non dai la **mano** quando saluti?   mano

    Dovresti mangiare _meno_____ dolci.   _meno_____

    Qualche volta _____ con una mela e basta.   _____

    Alcune donne hanno un gran _____ .   _____

    Qui da noi c'è un clima molto _____ .   _____

2. Andate pure al cinema; vi **tengo** io il bambino.   tengo

    Aspettatemi, _____ anch'io con voi!   _____

    In Sardegna c'è spesso molto _____ .   _____

    Ma come sei _____ ! Cammina, è tardi!   _____

    Aiutami, ho perso una _____ a contatto.   _____

3. Quando c'è il **sole** fa caldo.   sole

    Nella minestra manca il _____ .   _____

    Il rosso a me sta _____ .   _____

    In estate tanta gente va al _____ .   _____

4. Mi fai **pena** quando sei così triste.   pena

    Che frutta prendi, una mela o una _____ ?   _____

    Domani _____ esco con degli amici.   _____

    Il film racconta una storia _____ .   _____

5. Non ho capito, che cosa hai **detto** ?   detto

    Se sei stanco dovresti andare a _____ .   _____

    Abbiamo tre stanze e una
    mansarda sotto il _____ .   _____

Test 1

Test 1

Would you like to know what you've retained from the material you've been studying? The five tests that follow will allow you to check on your progress. Test 1 deals with Chapter 2.

Which word or expression doesn't go with the others?
Circle the one that doesn't belong.

1. a. correre   b. dormire   c. ballare   d. viaggiare

2. a. sera   b. mattina   c. inverno   d. notte

3. a. cravatta   b. maglione   c. gonna   d. tenda

4. a. quadro   b. cappotto   c. vaso   d. cuscino

5. a. domenica   b. mercoledì   c. autunno   d. sabato

6. a. giallo   b. viola   c. blu   d. caldo

7. a. maggio   b. sogno   c. giugno   d. luglio

8. a. secondo   b. undici   c. quattro   d. sedici

9. a. è l'una   b. è la prima   c. è la mezza   d. è mezzanotte

10. a. Peccato!   b. Salute!   c. Buon viaggio! d. Tanti auguri!

11. a. No, per niente! b. Per carità! c. Insomma!   d. È uno schifo!

12. a. Ma è fantastico! b. Che bello! c. Ottima idea! d. Che delusione!

Test 2

Test 2

You can use Test 2 to see what you learned while studying Chapter 3.

Part 1

Complete each series with the appropriate word. Use the words provided below.

il parrucchiere   la macchina   anziano   l'isola   la cugina

sciare   la tazza   il pattinaggio   le albicocche

1. l'impiegato	lo studente	l'attore	_____
2. grasso	mal vestito	brutto	_____
3. la forchetta	il cucchiaio	la pentola	_____
4. la moglie	la madre	la zia	_____
5. far vela	nuotare	giocare a golf	_____
6. il calcio	la pallavolo	l'equitazione	_____
7. il tram	l'autobus	il motorino	_____
8. l'onda	la spiaggia	la baia	_____
9. le pere	le mele	l'uva	_____

Part 2

Complete each sentence with one of the options provided below.

1. Come primo prendo _____
   a. un antipasto misto   b. la sogliola ai ferri   c. le lasagne

2. Nel tempo libero gioco _____
   a. a ballare   b. il piano   c. a bocce   d. a teatro

3. Il _____ di fronte alla chiesa ha dell'ottima carne.
   a. tabaccaio   b. pescivendolo   c. enoteca   d. macellaio

4. Con _____ si può telefonare dappertutto e in ogni momento.
   a. il telefono portatile   b. il telefonino   c. la segreteria telefonica

5. Signora, Lei di dov'è? - Sono _____
   a. a Milano   b. Italia   c. italiana   d. di Como

Test 3

Test 3

You can use Test 3 to see what you learned in Chapter 6.

Complete the sentences with the appropriate word or expression.

1. Devo ancora mettere _____ al contratto di lavoro.

a. in ordine	b. la firma	c. la scusa	d. paura

2. Carlo ha preso _____ e adesso è a letto con la febbre.

a. la patente	b. un caffè	c. pena	d. l'influenza

3. Se fai _____ prima di prendere l'autostrada paghi di meno.

a. in tempo	b. sciopero	c. benzina	d. un caffè

4. Devo andare _____ banca a cambiare delle lire.

a. alla	b. in	c. a	d. nella

5. Se volete fare _____ tempo dovete prendere un taxi.

a. per	b. al	c. in	d. da

6. Quanti anni _____ tua sorella?

a. fa	b. ha	c. sa	d. è

7. A quest'ora c'è tanto traffico e si _____ tanto tempo.

a. perde	b. ha	c. prende	d. serve

8. Se arrivate in ritardo dovete _____ scusa.

a. mettere	b. dire	c. chiedere	d. fare

9. A che ora mi vieni _____ prendere?

a. -	b. a	c. di	d. da

10. Vorrei _____ casa.

a. cambiar	b. mettere	c. prendere	d. far

11. Non dimenticare di _____ la luce quando esci.

a. mettere	b. guidare	c. spendere	d. spegnere

12. Hai _____ gli auguri di buona Pasqua ai Pasini?

a. detto	b. lasciato	c. mandato	d. finito

13. Questi pantaloni mi sembrano un po' _____ .

a. stretti	b. preziosi	c. salati	d. spaziosi

Test 4

Test 4

If you want to find out whether you studied Chapter 7 thoroughly enough, take Test 4.

Fill in the appropriate expression or word.

1. Ciao Rita, _____ ? - Bene, grazie, e tu?

| a. cosa hai | b. come stai | c. come sta | d. stai bene |

2. _____ , signora e a domani!

| a. ArrivederLa | b. Ciao | c. Desidera | d. Salute |

3. Vorrei un _____ di olive nere, per favore.

| a. mezzo chilo | b. pezzo | c. vasetto | d. pacco |

4. Vorrei prenotare un posto per _____ .

| a. prima classe | b. il supplemento | c. non fumatori | d. il binario |

5. Facciamo una passeggiata? - _____ .

| a. Che ne dici. | b. Ottima idea! | c. Hai voglia. | d. A presto. |

6. È _____ questo pullover? - Sì, ma c'è anche un po' di seta.

| a. a quadri | b. di pelle | c. di lana | d. a righe |

7. Allora, prendiamo due pizze alla marinara e _____ due birre.

| a. beviamo | b. da bere | c. vogliamo | d. come secondo |

8. Dunque, Lei va dritto _____ incrocio e lì gira a destra.

| a. a sinistra | b. fino all' | c. prima dell' | d. e continua |

9. Buon divertimento! - _____ .

| a. Alla tua! | b. Piacere. | c. Grazie altrettanto. | d. Prego. |

10. Qual è _____ della camera? - 180'000 lire.

| a. il prezzo | b. il pezzo | c. il peso | d. la spesa |

11. Non sento bene, può parlare _____ , per favore?

| a. più forte | b. più piano | c. più lentamente | d. più lento |

12. Ho camminato tutto il giorno e adesso _____ i piedi.

| a. ho male | b. mi fa male | c. mi fanno male | d. ho mal di |

13. Scusi, _____ a che ora è? - Dalle 7. 30 alle 10.

| a. il pranzo | b. la sveglia | c. la prima colazione | d. la sera |

Test 5 will help you check your understanding of the material in Chapter 8.

Mark the words that fit in the sentence.

1. Hai letto
   a. ☐ l'
   b. ☐ lo   articolo sui cani? - Sì, è
   c. ☐ il
   d. ☐ un
   e. ☐ uno   articolo interessante.
   f. ☐ un'

2. Le macchine
   a. ☐ veloce
   b. ☐ veloci   sono troppo
   c. ☐ pericolose.
   d. ☐ pericolosi.

3. Non ho mai
   a. ☐ tanto
   b. ☐ tanta   sete e probabilmente bevo troppo
   c. ☐ poco.
   d. ☐ poca

4. Siccome
   a. ☐ faceva
   b. ☐ ha fatto   molto caldo,
   c. ☐ decidevo
   d. ☐ ho deciso   di andare in piscina.

5. Ho un
   a. ☐ leggermente
   b. ☐ leggero   raffreddore.

6. a. ☐ Sullo
   b. ☐ Sul   giornale c'è un'ottima critica
   c. ☐ del
   d. ☐ dello   spettacolo di ieri.

7. Ho comperato una nuova lavatrice,
   a. ☐ ma
   b. ☐ siccome   quella vecchia si è rotta.
   c. ☐ perché

8. Mia figlia
   a. ☐ ha preso
   b. ☐ è presa   la patente un mese fa.

9. a. ☐ Qual è
   b. ☐ Quale   giacca preferisci, quella blu o quella a righe?

10. Hai telefonato alla signora Piovesan? - No,
    a. ☐ Le
    b. ☐ le   telefono domani.

11. Abbiamo incontrato i Colussi con
    a. ☐ la loro
    b. ☐ loro   figlia.

12. Una casa è
    a. ☐ la più
    b. ☐ la meno   cara di un vestito.
    c. ☐ più

13. Ho lasciato la macchina
    a. ☐ intorno al
    b. ☐ davanti al   garage.

Soluzioni
Answers

1.2.   1. a.auf dem „i" b.autista, autista c.autiste, autisti
2. medico, dottore, medico, dottoressa

1.3   1.campo, materia 2.panna 3.Mario has retired 4.slowly

1.4   1.Non c'è male 2.di niente 3.dare una mano 4.a presto 5.faccia pure 6.vanno d'accordo 7.Che ne diresti 8.Ti dispiace

1.5   **a)** 1.g; 2.f; 3.a; 4.i; 5.b; 6.j; 7.c; 8.d; 9.h; 10.e
b) a.4; b.9; c.6; d.3; e.10; f.2; g.7; h.8; i.5; j.1

1.6   **b)** 2. 4. 5. **c)** 1. a.attive b.pesantissimo c.turistiche d.tranquilli e.storico f.ideale g.lunghi h.buona i.piccoli j.lunghe 2. a.ballare b.camminare c.arrivare d.cadere 3. a.alle, ore b.da, al c.sera, subito 4. a.voglia, zeppi b.morto c.dal d.bene

1.7   1.e, k, h; 2.a, f, l; 3.i, b, j; 4.c, g, d

1.8   1.a, g, l, o, s, w; 2.d, n, t, x; 3.b, c, e, i, k, m, u, y; 4.h, q; 5.f, j, p, r, v

1.9   **a)** 1.bene, male 2.fuori, dentro 3.difficile, facile 4.stretto, largo 5.calda, fredda
b) 1/6, 2/10, 3/13, 4/17, 5/8, 7/20, 9/15, 11/14, 12/18, 16/19

1.10   **a)** 1.amore 2.vivere 3.prenotazione 4.decisione 5.permettere   6.sbaglio 7.informazione 8.arrivare
b) 1.giovane, bello, ricco, forte, sano, simpatico 2.vecchio, povero, malato

2.1   **a)** a.8; b.9; c.10; d.7; e.3; f.6; g.4; h.2; i.5; j.1
b) bianco, bianca, gialle, gialli, marrone, rossi, verdi, nere, viola, arancione

2.2   **mobili:** il tavolo, la sedia, la scrivania, la poltrona, il divano, l'armadio
oggetti di arredamento: le tende, il tappeto, la lampada, il vaso, lo specchio, il cuscino, il quadro **abbigliamento:** la giacca, gli stivali, le scarpe, la camicia, la cravatta, la gonna, la camicetta, il cappotto, il maglione, i pantaloni, l'impermeabile

2.3   **a) giorni:** 1.lunedì 2.martedì 3.mercoledì 4.giovedì 5.venerdì 6.sabato 7.domenica **parti della giornata:** 1.mattina 2.pomeriggio 3.sera 4.notte **precisazioni:** 1.stamattina 2.domani mattina 3.ieri pomeriggio 4.questo pomeriggio 5.stasera 6.domani sera 7.stanotte
b) 1.La domenica 2.Martedì mattina 3.Il mercoledì sera 4.Giovedì pomeriggio

2.4   **a)** 1.la primavera 2.l'estate 3.l'autunno 4.l'inverno
b) 1. In estate 2.In inverno 3.In autunno 4.In primavera
c) 1.gennaio 2.febbraio 3.marzo 4.aprile 5.maggio 6.giugno 7.luglio 8.agosto 9.settembre 10.ottobre 11.novembre 12.dicembre
d) 1.in giugno 2.in luglio

2.5   **a)** 1.undici 2.dodici 3.tredici 4.quattordici 5.quindici 6.sedici 7.diciassette 8.diciotto 9.diciannove 10.venti
b) 40: quaranta 31: trentuno 58: cinquantotto 101: centouno 67: sessantasette 1000: mille 76: settantasei 8000: ottomila Answer: Antonino

2.6   **a)** 1.d; 2.g; 3.b; 4.h; 5.f; 6.a; 7.e; 8.c; 9.j; 10.i;
b) 1.sette e un quarto 2.otto e venti 3.dieci e mezza 4.una, tre e mezza 5.otto meno venti, undici e mezza

2.7   **a)** millenovecentonovantasei, millesettecentoottantanove
b) 1.Nel millenovecentonovanta 2.Nel millequattrocentonovantadue 3.Nel millenovecentosessantotto 4.Nel millenovecentoottantanove

5.Nel milleottocentosessantuno

c) 1.il due giugno 2.il tre ottobre 3.il quattordici luglio 4.il primo agosto

2.8 **a)** 1.b; 2.f; 3.h/i; 4.g; 5.a; 6.d; 7.e; 8.c; 9.i/h

b) 1.Buone 2.Buon 3.Buon 4.Buon 5.Buona 6.Buon 7.Buone 8.Buona

2.9 **a) positivo:** 1, 2, 6, 9, 11 **negativo:** 3, 7, 8 **riservato:** 4, 5, 10, 12

b) 1.c, g, h, l; 2.a, b, e, f, j; 3.d, i, k

2.10 **delusione:** 2, 3, 8, 12 **gioia:** 1, 4, 6, 10 **meraviglia:** 5, 7, 9, 11

2.11 **a)** 1.ballare 2.cadere 3.salire 4.scendere 5.entrare 6.uscire 7.camminare 8.nuotare 9.correre 10.sciare 11.saltare 12.viaggiare

b) 1.È salito 2.Ha camminato 3.Ha sciato 4.È uscito 5.Ha nuotato 6.Ha viaggiato

3.1 **a)** 1.Mi chiamo, Sono, abito, lavoro, Sono, Ho, divorziata 2.sono, nato, ho, sposato, senza, a, lavoro

b) Buzzi, Claudia, impiegata, Alessandria, italiana, Bergamo

c) 1.f; 2.e; 3.d; 4.g; 5.a; 6.c; 7.b

3.2 **a)** 1.italiana 2.il Portogallo 3.tedesca 4.il Brasile 5.polacca 6.irlandese 7.la Turchia 8.il Canada 9.israeliana 10.ungherese 11.inglese 12.la Grecia 13.giapponese 14.la Svezia

b) 1.inglese, Svizzera 2.Francia, francese, italiana 3.Austria, austriaci, svizzeri 4.americana, Olanda 5.spagnolo

3.3 **a)** 1.infermiera 2.impiegata 3.parrucchiere 4.operaia 5.studentessa 6.attrice 7.professore 8.traduttore 9.giornalista 10.ingegnere 11.insegnante 12.dentista 13.apprendista 14.avvocato

b) 1d; 2.c; 3.a; 4.b

3.4 **a)** 1.Anna 2. Ezio 3.Sara 4.Lucia

b) 1.i genitori 2.lo zio 3.i cugini 4.la figlia 5.la moglie 6.gli zii 7.la sorella 8.il nipote 9.i nonni 10.i nipoti 11.il fratello 12.il marito 13.la madre

c) 1.la nonna 2.il cugino 3.la zia 4.il padre 5.il nonno 6.i figli 7.la cugina 8.il figlio

3.5 **A:** 1, 4, 8, 9, 11, 12, 13, 17, 18 **B:** 2, 3, 5, 6, 7, 10, 14, 15, 16

3.6 **a) casa:** 1, 2, 3, 7, 9, 12, 14, 15, 16, 19, 20, 21, 25, 27, 28, 29 **oggetti:** 4, 5, 6, 8, 10, 11, 13, 17, 18, 22, 23, 24, 26, 30, 31, 32

b) vecchia, rumorosa, sporca, antichi, buie

3.7 1.triste 2.indifferente 3.innamorato 4.preoccupato 5.deluso 6.felice 7.disperato 8.arrabbiato

3.8 **fare:** 1, 10, 18, 29 **andare:** 2, 19, 28, 30 **andare a vedere:** 3, 8, 17, 23 **suonare:** 6, 11, 26, 31 **leggere:** 5, 7, 20, 25 **giocare:** 4, 9, 21, 27 **frequentare un corso:** 12, 14, 22, 24 **lavorare:** 16 **ascoltare:** 15 **guardare:** 13

3.9 1.pattinare, il pattinaggio 2.la pallacanestro, giocare a pallacanestro 3. lo sci, sciare 4.far vela, la vela 5.nuotare, il nuoto 6.giocare a pallavolo, la pallavolo 7.giocare a golf, il golf 8.il calcio, giocare a calcio 9.fare del windsurf, il windsurf 10.giocare a tennis, il tennis 11.il judo, far judo 12.l'equitazione, andare a cavallo

3.10 1.la vetta 2.la montagna 3.il cielo 4.il paese 5.la nuvola 6.la collina 7.il bosco 8.la valle 9.la costa 10.il mare 11.la baia 12.l'onda 13.la pianura 14.l'albero 15.il fiume 16.l'isola 17.la spiaggia 18.il campo 19.il lago

3.11 1.macchina 2.autobus, tram 3.motorino 4.metropolitana 5.piedi, bicicletta 6.motocicletta 7.macchina, treno, aereo

3.12 1.il videoregistratore 2.il walkman 3.il computer 4.il dischetto 5.il fax 6.la carta telefonica 7.la videocamera 8.la musicassetta 9.la segreteria telefonica

10.l'autoradio 11.il telecomando 12.il citofono 13.il telefonino 14.la videocassetta 15.il telefono portatile

3.13 1.sveglia 2.telefono 3.orologio, borsetta 4.spazzolino da denti, rasoio elettrico, rasoio 6.asciugamano, ombrello 7.ombrello 8.rossetto 9.borsetta 10.borsetta, portafoglio, soldi, occhiali, fazzoletti, pettine, penna, agendina, chiave

3.14 1.farmacia 2.macellaio 3.tabaccaio 4.profumeria 5.supermercato 6.grandi magazzini 7.panetteria 8.salumeria, enoteca 9.fruttivendolo 10.pescivendolo 11.giornalaio, libreria, fioraio

3.15 **frutta**: 1, 8, 9, 12, 13, 16, 22, 24, 25, 30 **verdura**: 2, 5, 7, 10, 14, 15, 19, 23, 26, 29 **altro**: 3, 4, 6, 11, 17, 18, 20, 21, 27, 28

3.16 **antipasti**: insalata di mare, antipasto misto, prosciutto e melone **primi piatti**: gnocchi, minestrone, lasagne, risotto **secondi piatti (carne)**: arrosto di vitello, ossobuco, pollo arrosto **(pesce)**: cozze alla marinara, grigliata di pesce, sogliola ai ferri **contorni**: fagiolini, insalata verde, spinaci, patate arrosto **dessert**: macedonia, panna cotta, torta della casa

3.17 1. la montagna, il mare, il lago, la campagna 2.la stazione, il supplemento, l'arrivo, la partenza, l'aeroporto, il biglietto, l'autostrada, il porto, la dogana 3. la valigia, la borsa da viaggio, l'assegno, la carta di credito, l'assegno turistico, il passaporto, la guida 4.divertirsi, prendere il sole, visitare una città, fare dello sport, riposarsi 5.l'albergo, la tenda, il campeggio, la pensione, la roulotte, il camper, l'appartamento, la villetta

3.18 a.4; b.3; c.5; d.1; e.6; f.2

3.19 1.i; 2.b; 3.m; 4.e; 5.h; 6.d; 7.l; 8.j; 9.n; 10.c; 11.g; 12.o; 13.a; 14.f; 15.k

4.1 1.disfatto 2.infelice 3.disordinate 4.spiacevoli 5.disoneste 6.sconosciuto

4.2 1.fare, to do again 2.sposarsi, to remarry 3.interessarsi, to lose interest 4.dire, to deny 5.ascoltare, to listen again 6.vedere, to see again 7.piacere, to displease

4.3 1.successone 2.tempaccio 3.passeggiatina 4.caratteraccio 5.cenone 6.regalino 7.sorellina 8.parolacce 9.cameretta

4.4 1.di sigarette 2.da bagno 3.ristorante 4.da sole 5.di frutta 6.da tavola 7.bagagli 8.di telefono 9.informazioni 10.da sera 11.di servizio 12.da letto 13.di cucina 14.di parcheggio 15.da lettere

4.5 1.telefonica 2.festa 3.macchina 4.turistica 5.minerale 6.pubblici 7.guerra 8.corso 9.matrimoniale 10.crisi 11.pedonale 12.elementare

5.1 [k]: perché, casa, chiuso, chilo, chiave, cultura [tʃ]: cinema, ciao, cena, doccia, ufficio, uccello [g]: gamba, guida, traghetto, funghi, gusto, spaghetti [dʒ]: gita, gente, giocare, giusto, giardino, giovane

5.2 1.sciarpa, sciopero 2.asciugamano 3.sci, scienza 4.pesce, ascensore

5.3 a) 1.Paolo, telefono, industria 2.spiccioli, grigio, attenzione 3.spiaggia, storia, simpatia 4.tenere, perdere, vedere
b) offro, offrono, credo, credono, offrivo, offrivano, credevo, credevano

6.1 a) 1.la doccia 2.colazione 3.la segretaria 4.la patente 5.pena 6.in affitto 7.la spesa 8.sale 9.il cappotto 10.due milioni
b) **FAR(E)**: sciopero, benzina, le pulizie, il pieno, in tempo **METTERE**: la firma, in ordine, sull'armadio **PRENDERE**: una decisione, il sole, l'influenza, un succo di frutta

6.2 a) 1.perdere 2.avere 3.portare 4.salire 5.cambiare 6.servire 7.chiedere
b) 2.perdere la strada, to lose one's way 3.perdere la vita, to lose one's life 4.perdere la testa, to lose one's head 5.aver sonno, to be tired 6.aver luogo, to take place 7.aver idea, to have an idea

6.3 1.a, c; 2.b, c; 3.b, c; 4.b, c; 5.a, b; 6.a, c; 7.a; 8.b; 9.b; 10.a; 11.a, c; 12.b, c; 13.a, c; 14.a, c

6.4 **a) andare in**: vacanza, città, banca, centro, ufficio, campagna, montagna **andare a**: letto, casa, teatro **andare al**: cinema, mercato, ristorante, bar, mare **andare all'**: estero, ospedale **andare alla**: stazione **andare dal**: dentista, parrucchiere

b) 1.da 2.per 3.a 4.di 5.in, in 6.in

6.5 1.b, c; 2.b, c; 3.a, c; 4.a, d; 5.a, d; 6.b, c

6.6 1. -, a; 2. -; 3.a; 4. -; 5. -; 6.di; 7.a; 8. -, di; 9.di; 10.a; 11. -; 12.di; 13.di; 14.di; 15.di; 16.di; 17.di; 18.a

7.1 **a)** 1.Ciao, come stai 2.Ciao, grazie e tu 3.sto bene 4.ciao 6.Ciao

b) 1.Buongiorno 2.Buongiorno, come sta 3.Non c'è male, e Lei 4.Abbastanza 6.arrivederci 7.arrivederci

7.2 **a)** a.3, 8, 9; b.1, 4, 6, 7, 11; c.5, 10, 12; d.2

b) 2, 5, 7, 3, 1, 4, 6

7.3 1.di andata e ritorno, prima classe 2.il supplemento 3.prenotare, non fumatori 4. accanto al finestrino 5.Da quale binario, per Firenze 6.un posto, vagone letto 7.una cuccetta 8.treni diretti 9.cambiare, la coincidenza 10.il vagone ristorante

7.4 **a)** due chili di patate, un chilo di pomodori, mezzo chilo di cipolle, funghi, quanto costano, tre etti, un po' di frutta, un chilo e mezzo di uva, quanto fa

b) 1.un litro di 2.un vasetto di 3.un pezzo di 4.un pacco di 5.una scatola di 6.una bottiglia di 7.quattro fettine di 8.mezzo litro di

7.5 **a)** 4, 7, 11

b) 1. a.lana, cotone, seta, lino, velluto, pelle b.cuoio 2. a.pois, fiori, quadri, righe, tinta unita

7.6 **b)** **R**: 2, 4, 6; **F**: 1, 3, 5

7.7 **a)** 1.b; 2.a **b)** a sinistra, va (sempre) dritto fino, gira a sinistra, dritto, il ponte, subito dopo, a destra

7.8 **a)** 3, 1, 5, 4, 2, 7, 6

b) Gentili signori, Confermo la prenotazione di una camera doppia con doccia dal 21 al 26 settembre

7.9 **a)** 1.c; 2.e; 3.g; 4.b; 5.f; 6.a; 7.d

b) b, c, f

7.10 1.l; 2.f; 3.j; 4.c; 5.g; 6.i; 7.d; 8.b; 9.e; 10.h; 11.a; 12.k

7.11 1.f; 2.e; 3.g; 4.b; 5.d; 6.c; 7.h; 8.a

7.12 **a)** 1.testa 2.febbre 3.gola 4.tosse 5.piedi 6.pancia 7.occhi 8.schiena

b) 1.g; 2.e; 3.a; 4.c; 5.h; 6.b; 7.d; 8.f

7.13 h, j, d

8.1 **a)** **A.** 1.la; 2.il; 3.l'; 4.la; 5.la; 6.il; 7.lo; 8.l'; 9.l'; 10.l'; 11.l'; 12.lo, la **B.** 1.le; 2.gli; 3.gli; 4.i; 5.le; 6.le; 7.i; 8.i; 9.le; 10.i

b) 1.un, una, un 2.un, una 3.un' 4.un, una, un, uno

8.2 1.a, b; 2.b, c; 3.a, c; 4.b, c; 5.a, c; 6.b, c; 7.a, c; 8.a, b; 9.b, c; 10.a, c

8.3 1.a.perfettamente b.perfetto 2.a.bene b.buona 3.a.facile b.facilmente 4.a.sicuro b.sicuramente 5.a.Normalmente b.normale 6.a.raro b.raramente 7.a.naturale b.naturalmente 8.a.direttamente b.diretto 9.a.lentamente b.lento

8.4 1.pochi 2.poco 3.poca 4.pochi 5.molti, molto 6.molto 7.molte 8.molto 9.tanta 10.tanto, tanto, tanti 11.troppo, troppi, troppe 12.troppo 13.troppo

8.5 1.sono 2.è 3.abitano, lavorano 4.Hanno 5.ha, va 6.piace, dice, vuole 7.è, va

8.escono, tornano 9.stanno 10.vogliono, fanno, rimane, sono 11.cena, preferisce 12.hanno 13.Si chiama

8.6 **a)** **A.** 1.ha preso, è andato 2.è andata, sono state **B.** 1.si è riposata, è uscita, è rimasto 2.hanno guardato, sono andati **C.** 1.si sono alzati, hanno fatto, sono andati, sono partiti 2.È stata 3.si sono divertite, hanno giocato, hanno fatto 4.hanno preso, hanno letto, hanno giocato
b) Bild 1: B; Bild 2: A; Bild 3: C

8.7 1.f; 2.j; 3.g; 4.i; 5.c; 6.d; 7.h; 8.b; 9.e; 10.a

8.8 **a)** 1.alla, allo, al, a, all' 2.dai, da, dalla, dagli, dal 3.di, del, della, dello, dei 4.sul, sulla, sui, sull', sulle 5.nell', nella, negli, nel
b) 1.per 2.di, a 3.in 4.di, di, al 5.in 6.con, senza

8.9 4, 8

8.10 1.b; 2.d; 3.e; 4.g; 5.c; 6.a; 7.f

8.11 1.Chi 2.A chi 3.Quanti 4.Dove 5.Quale 6.Che cosa 7.Come 8.Quando 9.Con chi 10.Quanto 11.Perché 12.Qual è

8.12 **a)** 1.h; 2.b; 3.g; 4.e; 5.c; 6.a; 7.f; 8.d
b) 1.Le, mi 2.La, Le 3.vi, Ci 4.ti, mi

8.13 **a)** 1.il mio, mio, le mie, i miei, i miei, le mie 2.il tuo, tuo, i tuoi, le tue, tua, la tua 3.la nostra, nostra, i nostri, le nostre, i nostri, il nostro 4.i vostri, i vostri, vostro, la vostra, il vostro, i vostri
b) 1.la sua, il suo, le sue 2.la sua, il suo, i suoi 3.il loro, i loro

8.14 1.Non sono più tanto giovane. 2.Non ho più voglia di uscire tutte le sere. 3.I film tristi non mi piacciono. 4.Quando sto male non voglio vedere nessuno, neanche mia moglie. 5.Non mangio più carne. 6.A pranzo non bevo mai vino. 7.Tra i pasti non mangio niente. 8.La domenica mattina sto a letto e non faccio assolutamente niente.

8.15 **a)** 1.meno 2.più 3.meno 4.meno 5.più 6.meno
b) a.Carpi b.Varon c.Gatti d.Carpi e.Varon

9.1 chiuso (chiudere), aperto (aprire), nato (nascere), successo (succedere), stato (essere), messo (mettere), chiesto (chiedere), venuto (venire), preso (prendere), fatto (fare), scritto (scrivere), detto (dire), visto (vedere), letto (leggere), venduto (vendere), perso (perdere), sceso (scendere), acceso (accendere), avuto (avere), morto (morire)

9.2 **a)** + **b)** 1.regalagli 2.portalo 3.tieni 4.provala 5.cerca 6.sali 7.vacci 8.dammi 9.stia 10. faccia 11.legga 12.senta 13.guardi 14.venga 15.sia 16.dillo 17.fammi 18.serviti 19.aspetti 20.inviti 21.dallo 22.dica 23.digli 24.manda 25.abbia 26.chieda 27.dalle 28.accomodati 29.salutami 30.vada 31.scusi 32.prenda 33.lasci 34.chiamami 35.decida

9.3 **a)** 1.cugina 2.forte 3.marzo 4.gonna 5.penna 6.pane 7.chiaro 8.ballo
b) 1.meno, ceno, seno, sano 2.vengo, vento, lento, lente 3.sale, male, mare 4.pera, sera, vera 5.letto, tetto

Test 1 1.b; 2.c; 3.d; 4.b; 5.c; 6.d; 7.b; 8.a; 9.b; 10.a; 11.c; 12.d
Test 2 Part 1: 1.il parrucchiere 2.anziano 3.la tazza 4.la cugina 5.sciare 6.il pattinaggio 7.la macchina 8.l'isola 9.le albicocche **Part 2:** 1.c; 2.c; 3.d; 4.b; 5.d
Test 3 1.b; 2.d; 3.c; 4.b; 5.c; 6.b; 7.a; 8.c; 9.b; 10.a; 11.d; 12.c; 13.a
Test 4 1.b; 2.a; 3.c; 4.c; 5.b; 6.c; 7.b; 8.b; 9.c; 10.a; 11.a; 12.c; 13.c
Test 5 1.a, d; 2.b, c; 3.b, c; 4.a, d; 5.b; 6.b, d; 7.c; 8.a; 9.b; 10.b; 11.a; 12.c; 13.b

Glossario
Glossary

This glossary contains, in alphabetical order, words from Chapters 1 through 9. The words selected for inclusion are those that are less common. Vocabulary that beginners are likely to know has been omitted.

The entries appear in **boldface** in the left-hand column. The center column indicates the place where the words first occur, for example, 7.6 = Chapter 7, Exercise 6. Words that appear in different meanings are listed separately.

Each noun is listed with the definite article, in lightface type. The article indicates whether the noun is masculine or feminine: il **calcio**, la **collina**. If the gender is not immediately obvious from the article, as in the case of l', then the gender is indicated by *m* or *f*, in italics, following the noun: l'**aspirapolvere** *m*.

Feminine forms of nouns are presented as follows:
1. o, -a means that the masculine ending o is replaced with the feminine ending a, for example, il/la **fioraio, -a** = il fioraio, la fioraia.
2. tore, -trice means that the ending trice is used in the feminine form, for example, lo/la **scrittore, -trice** = lo scrittore, la scrittrice.

With verbs that have irregular present tense forms or irregular participles, the forms are given in italics in parentheses: **togliere** *(tolgo, tolto)* = 1st person singular tolgo, past participle tolto.

With adjectives that end in o, the feminine ending a is given: **buio, -a.**

Abbreviations:

m	masculine
f	feminine
mf	masculine and feminine
s.th.	something
s.o.	someone
qu	qualcuno
qc	qualcosa

A

a lungo	3.13	a long time
a pois	7.5	dotted
a quadri	7.5	checkered
a tinta unita	7.5	of one color
l'abitazione f	1.8	house
l'abito m da sera	4.4	evening dress
l'accessorio m	3.14	accessory
accidenti	3.13	damn!
accorgersi	3.13	to notice
(accorto)		
l'acquisto m	1.8	purchase
addormentarsi	1.6	to fall asleep
l'agendina f	3.13	appointment book
al più presto	3.4	as fast as possible
l'albicocca f	3.15	apricot
all'aperto	6.2	outdoors
l'alta stagione f	1.6	high season
alzarsi	2.3	to get up
andare di moda	7.5	to be in fashion
annoiarsi	3.4	to be bored
antico, -a	3.6	antique
anziano, -a	3.5	old
apparecchiare	3.19	to set the table
l'apprendista mf	3.3	apprentice
arrabbiato, -a	3.7	angry
l'arte f contemporanea	7.7	contemporary art
l'asilo m	8.5	kindergarten
l'aspirapolvere m	3.6	vacuum cleaner
l'assegno m turistico	3.17	traveler's check
attivo, -a	1.6	active
l'attore, -trice m,f	3.3	actor, actress
attraversare	7.7	to cross

B

i baffi	3.5	mustache
la baia	3.10	bay
la barba	3.5	beard
farsi la barba	3.19	to shave
la bellezza	1.10	beauty
le bocce	3.8	(game of) boccia
giocare a bocce	3.8	to play boccia
la borsa da viaggio	3.17	travel bag
bruciare	7.12	to burn
buffo, -a	1.7	funny
buio, -a	3.6	dark
buon anno!	2.8	Happy New Year!
buona Pasqua!	2.8	Happy Easter!

C

la cabina telefonica	4.5	telephone booth
il calcio	3.9	soccer
cambiar casa*	6.2	to move (to another house)
cambiar vita*	6.6	to turn over a new leaf
cambiare idea	6.2	to change one's mind
il caminetto	8.9	fireplace
camminare	1.6	to walk
il campanello	1.5	doorbell
il camper	3.17	camper
il/la cantante	3.3	singer
il capolavoro	2.9	masterpiece
il cappello	3.5	hat
il cappotto	2.2	coat
la carità: per carità!	2.9	for goodness sake!
la carota	3.15	carrot
la carta di credito	3.17	credit card
la carta igienica	7.10	toilet paper
la carta	1.5	card
castano, -a	3.5	chestnut brown

cenare	3.19	to eat supper	il **disegno**	3.8	drawing
chiedere scusa	6.2	to beg pardon	disfatto, -a	4.1	unmade
la **ciliegia**	3.15	cherry	la **disoccupazione**	6.6	unemploy-ment
la **cipolla**	3.15	onion			
il **citofono**	3.12	intercom system	disonesto, -a	4.1	dishonest
			disordinato, -a	4.1	disorderly
la **cittadinanza**	3.1	citizenship	disperato, -a	3.7	desperate
il/la **cliente**	3.3	hotel guest	disturbare	7.9	to disturb
la **coda**	1.6	line (of cars)	divertente	2.9	entertaining
il/la **collega**	2.10	colleague	divorziato, -a	3.1	divorced
la **collina**	3.10	hill	la **dogana**	3.17	Customs
la **conferma**	7.8	confirmation			
confermare	7.8	to confirm			
controllare	7.11	to check, to test	**E**		
			è uno schifo!	2.9	it's disgusting!
correre (*corso*)	2.11	to run	**eccome!**	2.9	and how!
correre il rischio	1.6	to run the risk	l'**edificio** *m*	1.8	building
il **corridoio**	3.6	corridor	**enormemente**	2.9	enormously
il **corso**	1.8	avenue, boulevard	l'**enoteca** *f*	3.14	wine shop
			l'**equitazione** *f*	3.9	riding
il **corso**	3.8	course	l'**errore** *m*	7.10	error
il **corso di disegno**	3.8	drawing course	**esotico**, -a	6.5	exotic
			essere giù	3.4	to be depressed
il **cortile**	7.8	courtyard			
i **cosmetici**	3.14	cosmetics			
il **costume da bagno**	4.4	bathing suit			
			F		
il **cuoio**	7.5	leather, hide	i **fagiolini**	3.15	green beans
il **cuscino**	2.2	cushion	**fantastico**, -a	2.10	fantastic
			far vela*	3.9	to sail
			fare acquisti	1.8	to make purchases
D					
da solo, -a	2.11	alone	il/la **farmacista**	3.3	pharmacist
dare la sveglia	7.9	to wake up	**farsi la barba**	3.19	to shave (oneself)
dare su	7.8	to open on			
dare una mano a qu	1.4	to help s.o.	**faticoso**, -a	1.6	exhausting
			il **fazzoletto**	3.13	handkerchief
la **data**	3.1	date	**felice**	3.7	happy
davvero	2.10	really	il **fico**	7.4	fig
il **deposito bagagli**	4.4	baggage room	**fiero**, -a	1.7	proud
			il/la **figlio**, -a **unico**, -a	3.4	only child
desiderare	1.6	to wish			
disdire (*disdico, disdetto*)	4.2	to deny	il **finestrino**	7.3	train window

il/la **fioraio, -a**	3.14	florist	**infelice**	4.1	unhappy
la **firma**	6.1	signature	l'**infermiere, -a** *m,f*	3.3	nurse
il **forno a micro-onde**	6.5	microwave oven	l'**influenza** *f*	6.1	flu
la **forza**	1.10	strength, force	l'**ingorgo** *m*	1.7	traffic jam
la **fragola**	3.15	strawberry	**ingrassare**	8.10	to gain weight
il **frigobar**	7.9	minibar	l'**ingresso** *m*	3.6	entrance
il **frullatore**	3.6	mixer	**innamorato, -a**	3.7	in love
il/la **fruttivendolo, -a**	3.14	fruit dealer	**insomma**	2.9	all right, on the whole
il **fumetto**	3.8	comics, cartoon strip	l'**inutile**	6.5	useless
il **fungo**	5.1	mushroom	**Israele** *m*	3.2	Israel
			israeliano, -a	3.2	Israeli

G

			L		
gassato, -a	7.6	carbonated	la **lampada**	2.2	lamp
il **Giappone**	3.2	Japan	**largo, -a**	1.9	wide, large
giapponese	3.2	Japanese	**lasciare un messaggio**	7.13	to leave a message
giocare a bocce	3.8	to play boccia	**lavare i piatti**	3.19	to wash dishes
giocare a scacchi	3.8	to play chess	la **lavastoviglie**	3.6	dishwasher
il/la **giornalaio, -a**	3.14	newsagent	**lavorare a maglia**	3.8	to knit
la **giovinezza**	1.10	youth	la **lente (a contatto)**	9.3	(contact) lens
la **gita**	5.1	excursion			
giù: essere giù	3.4	to be depressed	il **letto matrimoniale**	4.5	double bed
il **grado**	3.18	degree	la **libreria**	3.14	bookshop
la **grandine**	3.18	hail	la **libreria**	8.9	bookcase
la **guida**	3.17	guide	il **limone**	3.15	lemon
			la **lingua**	7.12	tongue
			il **lino**	7.5	linen
			il **locale**	1.8	place serving food and/or drink

I

il più possibile	3.4	as often as possible	**luminoso, -a**	3.6	bright
			la **luna**	2.7	moon
imparare	3.3	to learn	**lungo: a lungo**	3.13	for a long time
l'**impegno** *m*	2.10	appointment	il **luogo di nascita**	3.1	birthplace
l'**impegno** *m*	7.2	engagement, date			

M

l'**impegno** *m*	8.4	obligation	il/la **maestro, -a**	3.3	elementary school teacher
l'**impianto** *m* **stereo**	3.6	stereo system			
			la **maglia**	3.8	knitting
l'**incrocio** *m*	7.7	crossing, intersection	il **maglione**	2.2	thick pullover
			maiale	1.7	pig
indifferente	3.7	indifferent	la **malattia**	1.10	illness

mancare	7.10	to be missing		la pesca	3.15	peach
la mancia	3.3	tip		il/la pescivendolo, -a	3.14	fishmonger
la mano: dare una mano a qu	1.4	to lend s.o. a hand		il pettine	3.13	comb
il matrimonio	3.4	marriage		piacevole	4.1	pleasant
maturo, -a	7.4	ripe, mature		il piatto: lavare i piatti	3.19	to wash dishes
il medico	6.4	physician, doctor		pieno zeppo, piena zeppa	1.6	chock-full
la mela	3.15	apple		i pois	7.5	dot
la melanzana	2.1	eggplant		il porcino	7.4	boletus (edible mushroom)
il mestiere	3.3	occupation				
la meta	3.17	goal				
la montatura	7.10	frame, mounting		il porto	3.17	port
il motorino	3.11	motor bike		possibile: il più possibile	3.4	as often as possible

N

il naso	3.5	nose		la povertà	1.10	poverty
il negozio di generi alimentari	1.8	grocery store		la precisazione	2.3	specification
				prendere il sole	3.17	to sun oneself
noioso, -a	2.9	boring		la pressione delle gomme	7.11	tire pressure
il nuoto	3.9	swimming		presto: al più presto	3.4	as fast as possible

O

l'onda f	3.10	wave		prezioso, -a	6.5	precious, valuable
onesto, -a	4.1	honest		profondamente	7.12	deeply
ordinato, -a	4.1	orderly		la profumeria	3.14	perfume shop
				il profumo	3.14	perfume

P

il pacco	7.4	package		la prugna	7.4	plum

Q

il paio	8.7	pair		i quadri	7.5	checks, squares
la pallacanestro	3.9	basketball		il quadro	2.2	picture, painting
la pallavolo	3.9	volleyball				
la panna	2.1	cream				
il parrucchino	2.10	(man's) wig				
passare	2.10	to spend (time)				

R

il pasto	7.12	meal		raro, -a	8.3	rare
il pattinaggio	3.9	ice skating		il rasoio elettrico	3.13	electric razor
la pazienza	9.2	patience		il regalo	8.9	gift
la pelle	7.5	leather		la residenza	3.1	residence
per carità!	2.9	for goodness sake!		riaddormentarsi	3.13	to go back to sleep
per terra	3.13	on the ground		la ricchezza	1.10	riches
la pera	3.15	pear		richiamare	7.13	to call back
il pernottamento	3.17	night's stay		rilassarsi	1.6	to relax

rinunciare a qc	8.10	to give up s.th.	la **scuola elemen-** tare	4.5	elementary school
riposarsi	1.6	to rest	la **segreteria tele-** fonica	7.13	answering machine
il rischio: **correre** **il rischio**	1.6	to run the risk	**seguire un corso**	8.7	to take a course
risolvere *(risolto)*	6.3	to solve	il **semaforo**	1.8	traffic light
la **riunificazione**	2.7	reunification	il **seno**	9.3	breast
il **rossetto**	3.13	lipstick	serio: **sul serio**	2.10	in earnest
la **roulotte**	3.17	trailer	**sfuso, -a**	7.6	open
rumoroso, -a	3.6	loud	**silenzioso, -a**	6.5	silent
			il **single**	3.4	single
S			**vivere da single**	3.4	to live as a single
la **sala d'aspetto**	1.6	waiting room			
la **sala giochi**	1.8	game room	**snello, -a**	3.5	slender
salato, -a	6.5	salted	**sopra zero**	3.18	above zero
saltare	1.7	to jump	il **sorriso**	1.7	smile
la **salumeria**	3.14	charcuterie, delicatessen shop	**sotto zero**	3.18	below zero
			spazioso, -a	6.5	spacious
sano, -a	9.3	healthy	lo **spazzolino da** **denti**	3.13	toothbrush
sapere di qc	7.10	to taste like s.th.	lo **specchio**	2.2	mirror
sbagliare numero	7.13	to dial the wrong number	**spiacevole**	4.1	unpleasant
			gli **spinaci**	3.15	spinach
			sposarsi	2.7	to marry
la **scatola**	7.4	can	la **squadra**	2.10	team
scegliere *(scelgo,* *scelto)*	4.5	to choose	**squillare**	3.13	to ring
			star fermo, -a*	1.6	to stop
scegliere *(scelgo,* *scelto)*	7.6	to pick out	gli **stivali**	2.2	boots
			stretto, -a	1.9	narrow, tight
gli **scacchi**	3.8	chess	**sul serio**	2.10	in earnest
giocare a scacchi	3.8	to play chess	**suonare il cam-** **panello**	1.5	to ring the doorbell
lo **scherzo**	5.2	joke			
la **schiena**	5.2	back	**svedese**	3.2	Swedish
lo schifo: **è uno** **schifo**	2.9	it's disgusting!	la **sveglia**	3.13	alarm clock
			la **Svezia**	3.2	Sweden
la **schiuma**	5.2	foam			
lo **sci**	3.9	skiing			
sciare	2.11	to ski	**T**		
la **sciarpa**	5.2	scarf	il **tappeto**	2.2	carpet
la **scienza**	5.2	science	il **tappo**	7.10	cork
sconosciuto, -a	4.1	unknown	il **telecomando**	3.12	remote control
scoprire *(scoperto)*	2.7	to discover			
lo/la **scrittore,** **-trice**	3.3	writer	il **telefonino**	3.12	cell phone
			le **tende**	2.2	curtains
la **scrivania**	2.2	writing desk	**tenere** *(tengo)*	5.3	to hold

tenere *(tengo)*	9.3	to keep	il **vagone risto-** **rante**	4.4	dining car
la terra: **per terra**	3.13	on the ground			
il **tetto**	9.3	roof	**vario, -a**	1.6	different
la **tinta**	7.5	color	il **vasetto**	7.4	glass
toccare	3.13	to touch	la **vecchiaia**	1.10	age
togliere *(tolgo,* *tolto)*	6.3	to take off	il/la **vedovo, -a**	3.4	widower, widow
la **tosse**	7.12	cough	la **vela**	3.9	sailing
tossire *(tossisco)*	7.12	to cough	il **velluto**	7.5	velvet
la **tovaglia**	3.6	tablecloth	la **vendemmia**	2.4	grape harvest
il/la **traduttore,** **-trice**	3.3	translator	la **vetta**	3.10	summit
			il **videoregistra-** **tore**	3.12	videorecorder, VCR
il **tram**	3.11	streetcar			
truccarsi	3.19	to put on makeup	la **villetta**	3.17	vacation house
la **Turchia**	3.2	Turkey	il **vino da tavola**	4.4	table wine
			violento, -a	3.18	violent
U			il **violino**	3.8	violin
l'**ufficio** *m* **infor-** **mazioni**	4.4	information office	**vivere da single**	3.4	to live as a single
ungherese	3.2	Hungarian	**Z**		
l'**Ungheria** *f*	3.2	Hungary	lo **zaino**	1.6	backpack
unirsi	2.7	to unite	la **zona pedonale**	1.8	pedestrian zone
l'**uva** *f*	3.15	grapes			
			la **zona turistica**	1.6	tourist area
V					
il **vagone letto**	7.3	sleeping car			

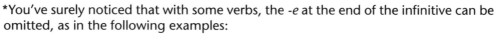

*You've surely noticed that with some verbs, the *-e* at the end of the infinitive can be omitted, as in the following examples:

aver bisogno, cambiar casa, far la spesa, star fermo.

Whether Italians use the *-e* or not depends on their feeling for the language. They have the choice of a form with the *-e* or one without it. In speech, the *-e* is likely to be omitted. Both forms are not always possible, however. Play it safe, and stick to the form with the *-e* at the end of the infinitive. Go ahead and say *fare la spesa, avere bisogno, fare benzina,* and *stare fermo;* it will definitely be correct.

The situation is different with the words *signore, dottore, professore,* and *ingegnere.* They lose the final *-e* when they precede a family name or a given name, for example:

– *Buonasera dottor Merlo.*

– *Buongiorno, signor Luigi, come sta?*

– *Conosci il professor Salizzoni?*

– *Devo telefonare all'ingegner Silvestris.*

3 Foreign Language Series From Barron's!

The **VERB SERIES** offers more than 300 of the most frequently used verbs.
The **GRAMMAR SERIES** provides complete coverage of the elements of grammar. The **VOCABULARY SERIES** offers more than 3500 words and phrases with their foreign language translations. Each book: paperback.

**FRENCH
GRAMMAR**
ISBN: 0-7641-1351-8
$5.95, Can. $8.50

**GERMAN
GRAMMAR**
ISBN: 0-8120-4296-4
$6.95, Can. $8.95

**ITALIAN
GRAMMAR**
ISBN: 0-7641-2060-3
$6.95, Can. $9.95

**JAPANESE
GRAMMAR**
ISBN: 0-7641-2061-1
$6.95, Can. $9.95

**RUSSIAN
GRAMMAR**
ISBN: 0-8120-4902-0
$6.95, Can. $8.95

**SPANISH
GRAMMAR**
ISBN: 0-7641-1615-0
$5.95, Can. $8.50

**FRENCH
VERBS**
ISBN: 0-7641-1356-9
$5.95, Can. $8.50

**GERMAN
VERBS**
ISBN: 0-8120-4310-3
$7.95, Can. $11.50

**ITALIAN
VERBS**
ISBN: 0-7641-2063-8
$5.95, Can. $8.50

**SPANISH
VERBS**
ISBN: 0-7641-1357-7
$5.95, Can. $8.50

**FRENCH
VOCABULARY**
ISBN: 0-7641-1999-0
$6.95, Can. $9.95

**GERMAN
VOCABULARY**
ISBN: 0-8120-4497-5
$6.95, Can. $8.95

**ITALIAN
VOCABULARY**
ISBN: 0-7641-2190-1
$6.95, Can. $9.95

**JAPANESE
VOCABULARY**
ISBN: 0-8120-4743-5
$6.95, Can. $8.95

**RUSSIAN
VOCABULARY**
ISBN: 0-8120-1554-1
$6.95, Can. $8.95

**SPANISH
VOCABULARY**
ISBN: 0-7641-1985-3
$6.95, Can. $9.95

Barron's Educational Series, Inc.
250 Wireless Blvd., Hauppauge, NY 11788 •
Call toll-free: 1-800-645-3476
In Canada: Georgetown Book Warehouse
34 Armstrong Ave., Georgetown, Ontario L7G 4R9 •
Call toll-free: 1-800-247-7160
www.barronseduc.com
Can. $ = Canadian dollars

Books may be purchased at your bookstore or by mail from Barron's. Enclose check or money order for total amount plus sales tax where applicable and 18% for postage and handling (minimum charge $5.95 U.S. and Canada). Prices subject to change without notice. New York State and California residents, please add sales tax to total after postage and handling.

(#26) R 1/04